実務叢書 わかりやすい不動産の適正取引 シリーズ

不動産取引実務に役立つ判例
―最高裁主要判例の解説―

著：周藤 利一

編：(一財) 不動産適正取引推進機構

はじめに

　本書は、一般財団法人不動産適正取引推進機構発行の『RETIO』に掲載中の拙稿「最高裁主要判例解説」の内容に加筆して取りまとめたものです。

　本書の特徴は、タイトルに示されているように、不動産取引実務に役立つことを目指して、次のような工夫をしていることです。

　第一に、例えば、土地区画整理事業に関する判例の場合、土地区画整理事業における費用負担の仕組みについて解説するなど、判例の対象となっている事案に関する制度や事業の全体像を理解していただく記述をしています。

　第二に、図や表を用いることにより、複雑な内容を理解していただく工夫をしています。

　第三に、宅地建物取引業者・賃貸住宅管理業者・マンション管理業者としての留意点を記述することにより、法律の実務家の皆さんだけでなく、現場実務の担当者の皆さんにも理解していただく工夫をしています。

　本書の基となった『RETIO』への掲載に当たっては、機構の調査研究部の藤川眞行研究理事兼調査研究部長（現在、国土交通省不動産・建設経済局総務課長）より特段のご高配を頂きました。また、事案の選定や執筆に際しては、中戸康文上席主任研究員、葉山隆主任研究員より多大のご協力を頂きました。そして、本書の出版に当たっては、機構の調査研究部の増田昌樹研究理事兼調査研究部長、調査研究部の山本正雄次長と大成出版社松林伸一取締役に大変お世話になりました。改めて感謝申し上げる次第です。

　本書が不動産取引実務に携わる皆様方にとって少しでもお役に立てば幸いです。

2022年3月

周　藤　利　一

不動産取引実務に役立つ判例 —最高裁主要判例の解説—
目　次

【売買に関する判例】

【区分所有建物に関する判例】

売買に関する判例

瑕疵ある建物の買主が売主業者等に対して建替え費用相当額の損害賠償を請求する場合の居住利益・耐用年数伸長利益控除の可否

（平成22年6月17日最高裁第一小法廷判決）

判決のポイント

新築建物に重大な瑕疵があり建替えが必要な場合において、社会通念上、建物自体が社会経済的な価値を有しないと評価すべきときは、買主からの売主業者・工事施工者等に対する建替え費用相当額の損害賠償請求において居住利益や耐用年数伸長利益を控除することはできないとされたこと。

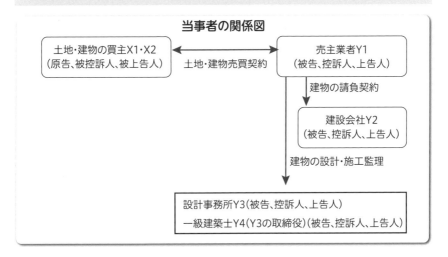

当事者の関係図

- 土地・建物の買主X1・X2（原告、被控訴人、被上告人） ── 土地・建物売買契約 ── 売主業者Y1（被告、控訴人、上告人）
- 建物の請負契約
- 建設会社Y2（被告、控訴人、上告人）
- 建物の設計・施工監理
- 設計事務所Y3（被告、控訴人、上告人）
- 一級建築士Y4（Y3の取締役）（被告、控訴人、上告人）

1. 事案の概要

❶土地・建物の買主X1・X2（原告、被控訴人、被上告人）は、平成15年3月28日、売主業者Y1（被告、控訴人、上告人）から代金3,500万円で本件土地・建物を購入し、同年5月31日に引渡しを受けて居住している。

❷本件建物には、柱はり接合部に溶接未施工の箇所や、突合せ溶接（完全溶込み溶接）をすべきであるのに隅肉溶接ないし部分溶込み溶接になっている箇所があるほか、次のような構造耐力上の安全性にかかわる重大な瑕疵があるため、建て替えざるを得ない。

ア　1階及び2階の柱の部材が小さ過ぎるため、いずれも柱はり耐力比が制限値を満たしていない上、1階の柱については応力度が許容応力度を超えている。

イ　2階の大ばりの部材が小さ過ぎるため、応力度が許容応力度を超えている。

ウ　2階及び3階の大ばりの高力ボルトの継ぎ手の強度が不足している。

エ　外壁下地に、本来風圧を受けない間仕切り壁の下地に使用される軽量鉄骨材が使用されているため、暴風時などに風圧を受けると、大きなたわみを生じ、外壁自体が崩壊するおそれがある。

オ　基礎のマットスラブの厚さが不足しており、その過半で応力度が許容応力度を超えている。

❸X1らは、本件建物には、柱はり接合部を除いても、明らかな欠陥があって、建物の構造耐力が不足しており、これらの瑕疵をすべて修補するためには本件建物の建替えが必要であるとして、Y1らに不法行為に基づく新築費用等の損害賠償を求める訴えを提起した。請求内容は、本件建物の取壊費用、本件建物の新築費用（2,343万円余）、工事期間中の仮住まい費用、引越費用、登記手続費用、調査費用、慰謝料、弁護士費用であり、慰謝料は、建物の安全性に不安を抱きながら、崩壊のおそれと背中合わせに日々暮らしていることの精神的苦痛に対するものとされている。

❹X1らの主張するY1らの損害賠償責任の根拠は次のとおりである。

Y1は、住宅の品質確保の促進等に関する法律第88条1項（現95条1項。以下「品確法」）による瑕疵担保責任に基づき瑕疵修補に代わる損害賠償責任を負う。また、Y1は、建売住宅の販売に当たっては、専門業者として、建物が通常有すべき構造上の安全性を備えた建物であることを確認して販売する義務があるにもかかわらず、故意又は過失によりその確認を怠ったものであり、不法行為による損害賠償責任を負う。

Y2は、建設業者として、建築基準法に定める基準に従い、構造上の安全性を備えた建物を建築する義務を当然に負っている。本件建物には重大な瑕疵があり、建物として通常有すべき基本的な安全性さえ欠如している。かかる瑕疵が生じるについては、元請であるY2において故意又は過失があったことは明らかであり、不法行為による損害賠償責任を負う。

Y3は設計事務所として、Y4は、Y3の取締役であるとともに、Y3の

一級建築士として、Y2から本件建物の設計及び施工監理を請け負うとともに、建築確認申請を代理したものであるところ、本件建物には重大な瑕疵があり、建物として通常有すべき基本的な安全性さえ欠如している。かかる瑕疵が生じるについては、設計及び施工監理を行ったY3及びY4において故意又は過失があったことは明らかであり、不法行為による損害賠償責任を負う。

2. 第一審判決・第二審判決

(1) 第一審判決

第一審は、Y1らの不法行為による損害賠償責任をそれぞれ認め、本件建物の取壊費用228万9千円、本件建物の新築費用2,184万円、工事期間中の仮住まい費用120万円、引越費用100万円、登記手続費用12万6,930円、調査費用133万3,500円、慰謝料100万円、弁護士費用250万円の総額3,128万9,430円を認めた。

その一方で、X1らは平成15年5月31日に本件建物に入居し、以後、少なくとも本件口頭弁論終結時まで5年4か月余の期間にわたり、本件建物に居住し、使用について目立った障害もなく、使用を継続し、居住の利益を享受しているところ、かかるX1らが享受した居住の利益は、少なくとも、遅延損害金に見合う程度に達しているものと推認されるところからすれば、衡平の原則に照らし、本件口頭弁論終結時までの遅延損害金との損益相殺を認めるのが相当であると判示した（平成20年11月6日名古屋地裁判決、消費者法ニュースNo.79、251～254頁）。

(2) 第二審判決

Y1らが控訴、X1らが附帯控訴したところ、控訴審は次のように判示して、第一審判決が命じた金額に加え、遅延損害金797万5,808円の支払いも命じた。

X1らは、売買代金を完済した上で本件建物に居住しているものであることや、本件建物の瑕疵の内容、部位、程度等は、構造耐力についての建築基準法上の基準に適合しない重大なものであり、本件建物は安全性を欠いた欠陥住宅であるといえるから、X1らはやむなくこれに居住しているものと推認できること（X1らが本件売買契約を解除しないからといって、この判断

が左右されるものではない）等の本件の事実関係の下においては、Ｘ１らが
本件建物に居住していることにつき、損益控除の対象とすべき利益（居住利
益）があるとすることはできない（平成21年６月４日名古屋高裁判決、消費
者法ニュース No.82、264〜266頁）。

3. 最高裁判決

　Ｙ１らがＸ１らの居住利益あるいは耐用年数伸長利益の損益相殺等を求めて
上告したところ、最高裁は次のように判示した（平成21年６月17日最高裁一小
判決、民集64巻４号1197頁、判例時報2082号55頁、判例タイムズ1326号111
頁）。

❶売買の目的物である新築建物に重大な瑕疵がありこれを建て替えざるを得な
　い場合において、当該瑕疵が構造耐力上の安全性にかかわるものであるため
　建物が倒壊する具体的なおそれがあるなど、社会通念上、建物自体が社会経
　済的な価値を有しないと評価すべきものであるときには、上記建物の買主が
　これに居住していたという利益については、当該買主からの工事施工者等に
　対する建替え費用相当額の損害賠償請求において損益相殺ないし損益相殺的
　な調整の対象として損害額から控除することはできないと解するのが相当で
　ある。

❷また、被上告人らが、社会経済的な価値を有しない本件建物を建て替えるこ
　とによって、当初から瑕疵のない建物の引渡しを受けていた場合に比べて結
　果的に耐用年数の伸長した新築建物を取得することになったとしても、これ
　を利益とみることはできず、そのことを理由に損益相殺ないし損益相殺的な
　調整をすべきものと解することはできない。

❸裁判官宮川光治の補足意見：建物の瑕疵は容易に発見できないことが多く、
　また瑕疵の内容を特定するには時間を要する。賠償を求めても売主等が争っ
　て応じない場合も多い。通常は、その間においても、買主は経済的理由等か
　ら安全性を欠いた建物であってもやむなく居住し続ける。そのような場合
　に、居住していることを利益と考え、あるいは売主等からの賠償金により建
　物を建て替えると耐用年数が伸長した新築建物を取得することになるとし
　て、そのことを利益と考え、損益相殺ないし損益相殺的な調整を行うとする
　と、賠償が遅れれば遅れるほど賠償額は少なくなることになる。これは、誠
　意なき売主等を利するという事態を招き、公平ではない。重大な欠陥があり

危険を伴う建物に居住することを法的利益と考えること及び建物には交換価値がないのに建て替えれば耐用年数が伸長するなどと考えることは、いずれも相当でないと思われる。

4. 解　説

(1)　**本件事案における問題の所在**

　　本件事案は、次のような諸問題を抱えている。

・損害賠償の範囲（建替え費用が損害として認められるのか、代金以上の損害賠償額が認められるかなど[1]）

・不法行為責任と契約責任との関係（両者の異同は何か）

・損益相殺又は損益相殺的調整

・契約が解除された場合との関係（原状回復の可否や範囲など）

　　これらの全てを解説することは紙幅の都合から避け、以下では、本件最高裁判決の判示事項である損益相殺又は損益相殺的調整の問題に絞って論じる。

(2)　**新築住宅の重大な瑕疵と責任**

①　**建替え費用相当額の損害賠償責任**

　　新築住宅に重大な瑕疵が存在するため、建て替えるほかはない場合、建替え費用相当額の損害賠償を請求できる。

　　建築請負契約により新築された住宅に関し、最高裁平成14年9月24日判決集民207号289頁は、建築請負の仕事の目的物である建物に重大な瑕疵があるためにこれを建て替えざるを得ない場合には、注文者は、請負人に対し、建物の建て替えに要する費用相当額を損害としてその賠償を請求することができると判示しており[2]、このことは売買契約の場合にも同様であると解されている。

②　**品確法による責任**

1　本件では、Y1らは損害賠償額は本件建物についての売買代金相当額の限度に限られる旨主張した。

2　この事案は、建替え費用相当額の損害賠償をすることが、建物その他土地の工作物を目的とする請負契約については目的物の瑕疵によって契約を解除することができないとする改正前民法635条ただし書の規定の趣旨に反して許されないかどうかが争われた事案であり、また、品確法制定前の事案である。この判決を踏まえ平成29年民法（債権法）改正により同条は削除され、この点に関する請負と売買の規律は民法上も同じになった。

　　住宅の品質確保の促進等に関する法律（品確法）は、94条1項及び95条
　1項において、請負人も売主も引渡し後10年間、構造耐力上主要な部分又
　は雨水の浸入を防止する部分について民法634条1項及び2項前段に規定
　する担保の責任を負う旨を規定しているので、建築請負契約であれ、売買
　契約であれ、損害賠償請求できることは同様である。

　　そして、新築住宅で建て替えざるを得ない重大な瑕疵とは、社会通念
　上、住宅に要求される基本的な機能が著しく欠けるとともに、修補によっ
　ては回復させることが不可能な状態をもたらす瑕疵であって、そうした瑕
　疵は、建物としての安全性に関わる構造耐力上主要な部分又は生活の場所
　としての使用性能に関わる雨水の浸入を防止する部分に生じることが通常
　であると考えられる[3]。

　　したがって、新築住宅で建て替えざるを得ない重大な瑕疵が発生した場
　合には、建築請負契約であれ、売買契約であれ、品確法に基づき建替え費
　用相当額の損害賠償請求ができると言える。

③　不法行為責任

　　建て替えざるを得ない重大な瑕疵が存在する新築住宅の買主や注文主
　は、上述した契約上の責任追及と並行して、あるいはそれに代えて契約の
　相手方である売主や請負人の不法行為責任として建替え費用相当額の損害
　賠償請求ができる。

　　また、新築住宅の買主や注文主との間で直接の契約関係に立たない設
　計・施工監理者や施工者も不法行為責任を負う場合がある。

　　この点は、最高裁平成19年7月6日判決民集61巻5号1769頁が判示した
　ところであり、本件判決もこれに従い、施工者Y2、設計・施工監理者Y
　3、Y4の責任を認めた。

(3)　居住利益の控除問題

①　問題の所在

　　新築住宅に重大な瑕疵が存在するため、建て替えるほかはない場合、建

3　本件はまさに構造耐力上の瑕疵が原因となった事案である。品確法に規定する責任以外の事由に
　より新築住宅を建て替えざるを得ない事例としては、例えば、特約により設置した特殊な設備が、
　施工の過誤により設計上想定した機能を発揮できないために、住宅としても機能できない（居住の
　用に耐えない）場合であって、修補によっては対応できない事例が考えられるが、極めて限定的な
　事例であろう。

替え費用相当額の損害賠償請求に対し、買主や注文主が新築住宅の引渡しを受けて、一定期間そこに居住している事実があるときは、買主や注文主はその住宅への居住から一定の利益を受けたとみることも可能である。

そこで、この利益を居住利益として金銭評価して、損害賠償額と損益相殺又は損益相殺的調整の対象とすることができるのではないかというのが居住利益の控除問題である[4]。

この問題については、学説・下級審判決は分かれている。

② 肯定説

居住利益控除肯定説は、買主・注文主が当初引渡しを受けた建物に居住するなどして、これを使用してきたという利益（居住利益）に着目し、買主・注文主は改めて新築建物を取得することができるのに加え、居住利益をも享受することになるから、衡平の原則によりその利益分を損害額から控除すべきという[5]。

③ 否定説

これに対し、居住利益控除否定説は、１）買主・注文主は倒壊等の危険にさらされながら瑕疵のある建物をやむなく使用しているのであって、これを利益とみることはできないこと[6]、２）控除肯定説によれば、売主・請負人が長期間にわたって争えば争うほど賠償額が低くなり、公平でないこと[7]、３）買主・注文主の使用はその所有権に基づくものであって当然の権利であり、売主・請負人の不法行為によって得た利得ではないことなどを挙げて[8]、控除すべきではないとする[9]。

(4) 耐用年数伸長利益の控除問題

① 問題の所在

4　非住宅の場合も含めると使用利益と呼ぶが、本件判決は住宅の事案なので本稿では居住利益と表記する。
5　居住利益控除説に立つ学説として、半田吉信・判評533号196頁、松本克美ほか編『専門訴訟講座
　(2)　建築訴訟』838頁〔濱本章子〕、堀井敬一「修補と建替え」中野哲弘＝安藤一郎編『新・裁判実務大系27　住宅紛争訴訟法』207頁がある。
6　後掲注９の澤田説。
7　本件判決の宮川補足意見。
8　後掲注９の松本説。本件控訴審判決が買主は売買代金を完済した上で本件建物に居住していると判示するのも同旨と考えられる。
9　控除否定説に立つ学説としては、澤田和也『法律実務家・建築関係者のための欠陥住宅紛争の上手な対処法』137頁以下、松本克美「欠陥住宅訴訟における損害調整論・慰謝料論」立命289号69頁以下、笠井修・NBL764号72頁等がある。

新築住宅に重大な瑕疵が存在するために建て替えた場合、建替え後の住宅の耐用年数の末期は、当初新築した住宅に瑕疵がなく、通常に居住した場合の耐用年数の末期より遅くなると考えることができる。

そこで、買主・注文主が当初想定した耐用年数よりも長い期間の耐用年数を獲得することになる点に着目し、耐用年数の延長分を利益として評価して、損害賠償額から控除することができるのではないかというのが耐用年数伸長利益の控除問題である。

② **肯定説**

耐用年数伸長利益控除肯定説は、建物は経年によって減価するはずであるところ、建物を建て替えることによって買主・注文主は結果的に耐用年数が伸長した新築建物を取得することができることに着目し、当該経年減価分を控除すべきとする[10]。

③ **否定説**

耐用年数伸長利益控除否定説は、1）減価償却は欠陥のない建物を前提とする概念であるところ、買主・注文主は取り壊して建て替えるほかない欠陥住宅の給付を受けて居住していたのであって、欠陥のない完全な建物の給付を受けて使用していたわけではないので控除は問題とならないという説[11]、2）減価分の控除を認めると、年数が経過するほど価値控除分が大きくなって、被害者は多大な出費を余儀なくされる一方で、加害者は修繕や建替えに応じることなく長年にわたって争うほど控除によって賠償額が低くて済むことは公平ではないとする説がある[12]。

(5) **下級審の裁判例**

本件判決以前の下級審判決では、居住利益と耐用年数伸長利益の控除の可否について、いずれも否定するものや、いずれも控除しないものもあれば、いずれかを肯定するものもあって、判断が分かれている。これらの利益に対する判断を一括してまとめると、**(表)**の通りである。

---

10 経年減価控除説に立つ学説として，青山邦夫＝夏目明徳「工事の瑕疵」大内捷司編『住宅紛争処理の実務』145頁がある。
11 前掲注9の澤田148頁、判例タイムズ1326号111頁。
12 前掲注9の松本72～73頁、本件判決の宮川意見。

（表）　本件判決以前の下級審判決

	契約	居住利益控除	耐用年数伸長利益控除
大阪高判昭58.10.27 判タ524・231	請負	控除せず[13]	控除せず
大阪地判昭59.12.26	請負	控除せず	控除せず
神戸地判昭61.9.3 判時1238・118	売買	否定 ※理由は示さず	控除せず
神戸地姫路支判平7.1.30 判タ883・218	請負	否定 ※(3)③3）の理由	肯定 ※(4)②の理由
大阪地判平10.12.18 欠陥住判1・82[14]	売買	否定 ※(3)③3）の理由	肯定 ※(4)②の理由
京都地判平12.11.22 欠陥住判2・314	請負	肯定 ※(3)②の理由	控除せず
東京高判平14.1.23[15] ウェストロージャパン	請負	肯定 ※(3)②の理由	控除せず
京都地判平16.2.16[16] 欠陥住判3・446	請負	肯定 ※(3)②の理由	否定 ※使用利益の控除に加えて、更に控除する必要はない
名古屋地判平17.12.26 欠陥住判4・286	請負	控除せず	控除せず
名古屋地判平20.11.6 本件第一審	売買	肯定 ※(3)②の理由	控除せず
名古屋高判平21.6.4 本件第二審	売買	否定 ※(3)③3）の理由	控除せず

（注）　「控除せず」とは、当事者が居住利益・耐用年数伸長利益の控除に関する主張をせず、裁判所が建替え費用相当額から控除しなかったものである。

(6)　検討

①　居住利益の控除の可否

　　居住事実と居住利益とは当然異なる。居住事実に対し、居住利益を認める論理の一つとして、他人所有の住宅に居住する場合には、使用貸借のような例外を除き、対価としての家賃を支払うのが通常であるところ、自宅

13　本事案はビルであり、使用利益等について控除せず建替え費用相当額の損害賠償請求を認容した。
14　欠陥住宅被害者全国連絡協議会編『消費者のための欠陥住宅判例』第1集82頁。以下「欠陥住判」と表記する。
15　最高裁平成14年9月24日判決集民207号289頁の原審である。
16　貸店舗兼自宅の事案である。

については家賃を支払う必要がないので、その分だけ利得を得ているという帰属家賃の考え方がある[17]。この帰属家賃は市場家賃データ、すなわち現実に賃貸借されている住宅の使用価値をベースに算定されているから、そこには社会経済的な価値を有する住宅に居住することが前提とされていると考えざるを得ない。そうすると、本件事案のように社会経済的な価値を有しない住宅に居住している事実に対し居住利益を認めるという論理には整合性がないと思われる[18]。

　そもそも、持家であれ、借家であれ、住宅に居住するという事実に対し利益を認める根拠は、その住宅が提供する効用（安全・安心な住生活を全うできること、住宅内での活動を円滑・円満に行えることなど）を居住者が通常期待することができる範囲内で必要かつ十分に受けられることに求めることができよう。そして、借家の場合、借家人はこの効用に対する対価として家賃や返還されない一時金を支払うわけであるから、借家の居住利益を金銭評価すると、第一義的には家賃等であるということになる。これに対し持家の場合、現金支出はされないが、同種・同等の借家の家賃等に相当する金額を帰属家賃とし、これが居住利益の金銭評価であると観念することになる。ところが、本件事案のように社会経済的な価値を有しない住宅が上記の効用を発揮しているとは言えない以上、重大な瑕疵のある住宅に何らかの事情により居住せざるを得ない事実をもって居住利益をストレートに認めることは首肯し難い。

　仮に、社会経済的な価値を有しない住宅に居住している事実に対し居住利益を認めるのが相当な事案が存在するとした場合であっても、居住者たる住宅所有者が帰属家賃を獲得している根拠は自己の所有権の行使であり、売主・請負人の不法行為・債務不履行の結果として利得するものではないから、損益相殺の対象となる不法行為による利得と認めるのは無理があろう[19]。

②　耐用年数伸長利益の控除の可否

17　GDP統計でも持家世帯の帰属家賃が個人消費支出の項目として推計されており、実体経済を把握する指標として明確に位置づけられている。
18　社会経済的な価値を有しない建物を使用している者につき使用利益を認めるのが相当な事案としては、土地収用法が適用される場合が考えられる。ただし、これは、損失補償の法理に基づくものであり、損害賠償とは異なる論理によるものであることは明らかである。
19　帰属家賃相当額の利益を認めることが可能であるとしても、危険な住宅に居住しているというリスク分を差し引くべきである。

　耐用年数伸長利益を認める前提として、耐用年数が伸長したことを認定する必要があると考えられるが、その場合、伸長の始期と終期を何時とすべきかという問題がある。

　本件第一審判決は「入居後口頭弁論終結時まで5年4か月余の期間」とし、上記表の東京高判平14.1.23は「入居から現在に至るまでの5年余りの間」、平14最高裁判決の原審京都地判平12.11.22は「6年9か月にわたって」、京都地判平16.2.16は「瑕疵担保責任の主張を始めるまで9年間が経過し、引渡しを受けてから13年間収益を上げてきた」とし、裁判例は一貫していない。

　また、これら裁判例は具体的に何年から何年に伸長したかは示していない。しかし、損害賠償額から控除できる具体的な法的利益があるとするからには、当初の期間と伸長後の期間という具体的な期間について判断すべきではないかとの疑問が生じる。

　そもそも、住宅の耐用年数について理論的に統一した定義は存在せず、建築技術上も新築住宅が何年間通常使用に耐えるかを確定的に保証することはできず、特定の期間通常使用に耐える住宅を建築する技術も存在しない[20]。

　制度的にも、税法上の耐用年数や不動産鑑定評価に用いられる耐用年数などは、それぞれの制度の目的に即して設定されたものであり、現実に何年間の通常使用に耐えるかという観点によるものではない。結局、少なくとも現状では住宅の客観的・一義的な耐用年数を見出すことは困難である[21]。

　住宅が新築された当時の建築施工技術の水準に照らし、社会通念上期待される通常使用可能期間と比較して、無視し得ない程度の期間の伸長が認められる場合に、その結果として居住利益をより多く獲得したと観念し、これを無償で買主・注文主に帰属させることが衡平の観点から見て明らかに不当である場合に限り、その控除が認められると解すると、理論上も実

20　ここで言う「通常使用」とは、前記①の「その住宅が提供する効用（安全・安心な住生活を送れること、住宅内での活動を円滑・円満に行えることなど）を居住者が通常期待することができる」と同義で用いている。

21　国土交通省資料において日本の住宅の寿命が国際的にみて短いことを示す根拠として38年という数値が用いられる。これは、滅失住宅について竣工後の存続期間を統計的に集計したものであり、平均滅失期間を意味する数値であって、滅失事由が発生しなければ通常使用できるはずの期間、すなわち耐用年数とは明らかに異なる。

態上も住宅の耐用年数を客観的・一義的に決定することが困難である以上、控除が実際に認められる事例は極めて例外的なものであろう。

上記の下級審判決で示された数字は、住宅の寿命を30～40年程度と観念すれば、確かに無視し得ない期間である。しかし、長期優良住宅は100年以上と観念されており[22]、これと比較するとそれほどの長さとは言えないだろう。

仮に、耐用年数伸長利益を認めることが相当な場合があるとすると、当初の住宅の引渡し日から建て替えられた住宅の引渡し日までの期間のうち、訴訟に要した期間を除いた期間が伸長の最大値であると考えられるが、これが10年を超えることは稀であろう。そうすると、瑕疵が存せず、法令に違背しなかったとしても性能が低い住宅のような事例を除き、実際に耐用年数と比較して明らかに伸長期間が認められる事例は極めて限定的と言わざるを得ない[23]。

さらに、上記表の京都地判平16.2.16が説示するように、居住利益の控除が認められる場合には、当該利益の控除に加えて、更に耐用年数伸長利益を控除するのは不合理である。二重控除の問題が生じるからである[24]。

③　修補に代わる損害賠償額からの控除の問題

本件は、新築住宅を建て替えざるを得ない事案であるが、建替えの必要は認められないものの、瑕疵の修補が必要な新築住宅の場合、修補に代わる損害賠償額から耐用年数伸長利益を控除するという問題は、理論的には観念できる（後掲の**図のD2**）[25]。相当量の部材や設備を交換した場合、それらは新品に置き換わるので、住宅全体の寿命が伸長したり、将来の修繕費用が節減できる可能性があるからである。売主・請負人の立場からは、

22　（公社）日本不動産鑑定士協会連合会資料によれば、長期優良住宅の基礎及び軀体の「経済的残存耐用年数」はそれぞれ100年以上であり、一般の住宅は50年以上である。なお、戸建て住宅の新築戸数に占める長期優良住宅の割合は、東日本大震災後の平成22年度以降25％前後で推移している。ちなみに、長期優良住宅の普及促進に関する法律の立案当時は200年住宅という語が用いられていた。

23　不法行為の時効は最長20年であるから、法律上、20年を超えることはあり得るが、引渡し後20年近く経過してから請求する事例は、現実には極めて限定的であると考えられる。

24　両者を実際に算定する場合、居住利益は一日当たり利益×居住期間という計算方法、耐用年数伸長利益は経年減価額（の一日分）×居住期間という計算方法になると思われるが、理論上は経年減価の対象期間全体、すなわち、住宅の耐用年数を通じた居住利益の総額は建物価格（売買価格・請負代金額）に等しいはずであるから、結局、同じ数字で計算することになる。

25　建替えではないので、すなわち、当初の住宅にそのまま居住し続けるので、居住利益の控除は問題にならない。

特に損害賠償額が高額になると、かかる主張をせざるを得ないだろう。

裁判例として、修補部分が新築同様になるという理由で控除を肯定した事例がある[26]。

これに対し、部分的な修補については、耐用年数の伸長等は通常想定し難く、控除は建替えを肯定する場合の特有の問題であるとして、この場合の控除を否定する説もある[27]。

5. 本件判決の意義

(1) 最高裁としての初めての判断

本件判決は、新築建物に重大な瑕疵（契約不適合）があり、これを建て替えざるを得ない場合において、社会通念上、建物自体が社会経済的な価値を有しないと評価すべきものであるときには、建替え費用相当額の損害賠償額から居住利益・耐用年数伸長利益を損益相殺ないし損益相殺的な調整の対象として控除することはできないことを最高裁として初めて示した点で意義がある。

(2) 売買と請負の関係

本件判決は売買に関する事案であるが、請負に関する事案である平14最高裁判決を踏まえると、同じ状態の新築住宅であれば、売買も請負も同様に控除が否定されることを明らかにしたと言える。

平成29年民法（債権法）改正により、契約不適合（瑕疵）に関する売買と請負の規律が一元化されたので、本件判決の趣旨も引き続き維持される。

(3) 不法行為責任と瑕疵担保責任

本件判決は不法行為に基づく損害賠償請求について判断したものであるが、担保責任に基づく損害賠償請求についても同じ判断となると言える[28]。

26　東京地判平20.1.25判例タイムズ1268号220頁。

27　青山邦夫・夏目明徳「工事の瑕疵」大内捷司編『住宅紛争処理の実務』判例タイムズ社、2003年、145頁。

28　小西洋『判例タイムズ別冊』32号136頁（平22主要判例解説）、根本尚徳『ジュリスト臨時増刊』1420号108頁（平22重要判例解説）、判例時報2082号55頁も同旨。

(4) **本件判決の射程（その１）**

他方、本件判決は、建て替えざるを得ない新築住宅の全ての場合について控除を否定したものではない。

（図）に示すように、Ａ．瑕疵のある新築住宅のうちＢ．建て替えざるを得ない新築住宅の中で、Ｃ．社会経済的な価値を有しない新築住宅については控除が明確に否定されたが、ＢのうちＣを除く部分について建替え費用相当額の損害賠償請求額から控除できるか否かに関しては、判断が示されていないので、依然として問題が残されている。

(5) **本件判決の射程（その２）**

本件判決は、建替え費用相当額の損害賠償請求が認められる範囲を限定したものではない。

したがって、この問題についても議論が残されている。

（図）　瑕疵のある新築住宅の分類概念図

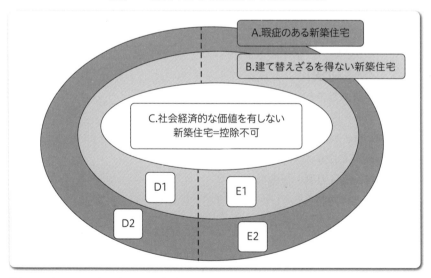

（注）　Ｄ１とＤ２は居住利益又は耐用年数伸長利益の控除が認められる場合、Ｅ１とＥ２はいずれの利益も控除が認められない場合。

16

6．宅地建物取引業者としての留意点

　前記5．で述べたように、建て替えざるを得ないほどの重大な契約不適合（瑕疵）があり、社会経済的な価値を有しない新築住宅に関する建替え費用相当額の損害賠償額を算定するに当たり、居住利益や耐用年数伸長利益を控除できないことをまずもって認識する必要がある。

　また、宅地建物取引業者が新築住宅の契約不適合（瑕疵）に関する損害賠償責任を負う場合には、売主業者の立場としてだけではなく、仲介業者としての立場による場合（契約不適合物件を媒介したことに伴う債務不履行責任ないし不法行為責任）もあることに留意する必要がある。

　なお、損害賠償全般にわたる論点として、損害賠償の範囲は信頼利益（建物の修補費用のように、瑕疵を知らなかったことによって買主が被った損害）にとどまるのか、履行利益（建物を使用して得られる収益のように、本来の履行がなされていれば得られていたであろう利益を得られなかったことに係る損害）にまで及ぶのかという問題がある。この点について民法（債権法）改正後の民法416条は履行利益にまで及び得ると規定していることもポイントである[29]。

7．本件判決に関する評釈

・武藤貴明『最高裁判所判例解説民事篇（平成22年度）』393頁
・武藤貴明『法曹時報』64巻7号301頁
・小西洋『判例タイムズ別冊』32号136頁（平22主要判例解説）
・武藤貴明『ジュリスト』1419号128頁［時の判例］
・根本尚徳『ジュリスト臨時増刊』1420号108頁（平22重要判例解説）
・渡邊力『判例時報』2099号182頁
・武藤貴明『ジュリスト増刊』（最高裁時の判例7）188頁
・新堂明子『法学協会雑誌』129巻7号1641頁
・北居功『民商法雑誌』143巻3号358頁
・円谷峻『法の支配』162号62頁
・Westlaw Japan『新判例解説』850号（2010WLJCC121）
・杉山真一『民事判例』2号154頁

29　筒井健夫・村松秀樹『一問一答・民法（債権関係）改正』商事法務、2018年、280頁。

- 石橋秀起『現代消費者法』18号63頁
- 長友昭『千葉商大論叢』48巻2号117頁
- 阿部満『現代消費者法』10号96頁
- 北居功『法学教室別冊』365号20頁（付録・判例セレクト2010Ⅰ）
- 山口学『六甲台論集（神戸大学大学院)』58巻1号85頁
- 青野博之『法律時報』83巻11号78頁
- 錦織成史『私法判例リマークス』43号62頁
- 畑中久彌『福岡大学法学論叢』55巻3・4号505頁
- 竹村壮太郎『上智法学論集』54巻3・4号123頁
- 柳勝司『名城法学』60巻3・4号39頁
- 松本克美『消費者法ニュース』85号255頁
- 中村肇『法学セミナー』672号122頁
- 石川真司『法学セミナー』675号30頁
- 古積健三郎『法学セミナー増刊（速報判例解説)』8号123頁
- 松本克美『法律時報』83巻4号143頁
- 竹田智志『市民と法』70号15頁
- 新井弘明『白鷗大学法科大学院紀要』5号207頁
- 竹田智志『明治学院大学法律科学研究所年報』28号405頁
- 松本克美『立命館法学』350号189頁
- 石川真司『現代消費者法』23号114頁

土地区画整理事業の賦課金の可能性と瑕疵

（平成25年3月22日最高裁第二小法廷判決）

判決のポイント

土地区画整理事業の施行地区内の土地を購入した買主が売買後に土地区画整理組合から賦課金を課された場合、売買当時に買主が賦課金を課される可能性が存在していたことをもって、当該土地に民法570条にいう瑕疵があるとはいえないとされたこと[1]。

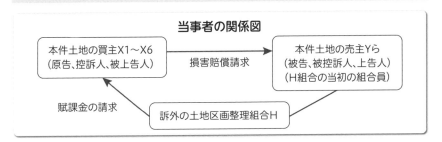

当事者の関係図

本件土地の買主X1～X6
（原告、控訴人、被上告人）

──損害賠償請求──→

本件土地の売主Yら
（被告、被控訴人、上告人）
（H組合の当初の組合員）

賦課金の請求

訴外の土地区画整理組合H

1．事案の概要

❶上告人Yらは、当初、H土地区画整理組合（以下「H組合」という。）が施行する土地区画整理事業の施行地区内の各土地（以下、各土地を併せて「本件各土地」という。）の所有者であり、本件各土地は仮換地の指定を受けていた。

❷被上告人X1～X6は、Yらから、以下の通り、本件各土地をそれぞれ売買により取得し、その引渡しを受け、移転登記を経由した（以下、各売買を併せて「本件各売買」という。）。

ア　X1及びX2は、平成10年9月27日、Yらから、代金2,400万円で購入した。

イ　X3、X4及びX5は、平成10年3月15日、訴外A及びYらから、代金2,250万円で購入した。

1　民法（債権法）改正により「瑕疵」の語が「契約不適合」に改められたが、本件判決の意義は変わらない。

ウ　X6は、平成9年4月27日、A及びYらから、代金1,415万円で購入した。

❸H組合は、平成10年10月から保留地の分譲を開始したが、販売状況は芳しくなかった。そこで、H組合は、平成13年11月28日、事業に要する経費に充てるため、総額24億円の賦課金を組合員に課する旨を総代会において決議し、さらに、平成14年1月、上記総代会の日においてH組合の組合員である者を賦課対象者とすることなどを内容とする賦課金徴収細則を定める旨を総代会において決議した。

❹X1〜X6は、本件各土地を取得したことによりH組合の組合員となっていたことから、H組合はX1〜X6に対し、平成14年11月29日付け賦課金額通知書を送付して、次のとおり賦課金を請求した。

　　　X1　　276万7,501円
　　　X2　　118万6,071円
　　　X3　　233万2,181円
　　　X4　　186万5,744円
　　　X5　　 46万6,436円
　　　X6　　261万2,246円

❺そこで、X1〜X6は、本件各土地は土地区画整理事業の対象地であるのに、Yらは、賦課金（土地区画整理法40条）の発生可能性についての説明を怠ったなどと主張して、①債務不履行に基づく損害賠償、②不当利得に基づく利得金返還、ないしは、③瑕疵担保による損害賠償として、賦課金相当額（附帯金はいずれも遅延損害金）の各支払を求めた。

2．第一審判決・第二審判決

(1)　第一審判決

　　第一審は、本件各売買当時に賦課金が発生する可能性が存在していたことをもって瑕疵に当たると判断したものの、引渡し時から10年を経過したことにより消滅時効が完成したと判示し、X1〜X6の請求を棄却した（平成22年8月17日広島地裁尾道支部判決）。

(2)　第二審判決

　　X1〜X6が控訴したところ、控訴審は、賦課金発生の可能性は、隠れた

瑕疵に当たると判示した。その理由は、以下のとおりである。

❶本件各売買当時、賦課金発生の可能性は、抽象的な域（一般抽象的なレベルにとどまる限りは瑕疵とは評しがたい。）を超え具体性を帯びていたといえる状況にあった。

❷賦課金の額及び賦課徴収方法は、総会（総代会が設けられたときは総代会〈土地区画整理法36条３号〉）の決議事項とされており、当該決議がなされたときは、組合員について賦課金の具体的支払義務が発生する。

❸しかしながら、土地区画整理事業においては、一般に、事業に要する費用は、公共施設管理者負担金や補助金等を除いて保留地の売却収入により回収するものとされており、清算金と異なり、賦課金の発生可能性が高いともいえず、このような実情は、本件各売買において清算金の帰属について特約が結ばれているのに対し、賦課金については何らの定めもされていないこと、Ｘ１～Ｘ６に交付された重要事項説明書には不動文字による清算金の記載欄はあるが賦課金のものはないことからも明らかである。これに対し、Ｘ１～Ｘ６には、Ｈ組合から本件各土地の購入価格の１割を超える本件各賦課金が課されたものである。したがって、本件各契約締結当時の当事者の意思解釈としても、本件各土地にこのような負担が課されることは想定されていなかったというべきである。

❹本件各売買の契約書には、不動文字で、不動産に課される公租公課及び各種負担金については、売買代金支払、所有権移転登記が完了した日を境として、それ以後は買主の負担する旨の記載があるが、他方で、これらは、Ａ県宅地建物取引業協会がその会員用に作成した不動産売買一般に通用する書式であることがそれぞれ認められ、そうすると、これは一般的な不動産売買を前提とするものであって、賦課金を予定して記載されたものとはいえない。

❺そして、土地区画整理事業は、施行地区内の土地について[2]、土地の区画形質の変更及び公共施設の新設又は変更に関する事業を行うものであり、当該事業によって、施行地区内の公共施設の整備改善及び宅地の利用の増進が図られ、施行地区内の宅地や借地権についてはその価値が増加するものであり、その利益は、施行地区内に従前地を所有ないし借地してきた者に

2　判決文は「施工地区」と「施行地区」の表記が混在しているが、本稿では「施行地区」に統一した。

属するから、その事業の経費の負担についても、これらの者に帰属させるとするのが合理的である。さらに、仮換地にかかる土地の売買契約の当事者においては、特段の事情がない限りは、もっぱら仮換地自体の位置、地目、面積に着目し、売買代金も仮換地の面積と不動産市況に照らした単位面積当たりの価格によって定められるものであって、このような場合、売却価額を決定するに当たり考慮されなかった賦課金については、その性質が上記のとおり売主にとっての取得費ともいえるものであることからして、売主の負担とするのが、売買契約の当事者の意思に合致するというべきである。Ｙらが平成12年に締結した別の仮換地の売買契約において、賦課金を売主の負担とする合意をしたことは、かかる意思の存在を裏付けるものである。そうすると、本件各売買の契約当事者の合理的意思として、賦課金の存在及び負担を予定して上記書式に則って売買契約を締結したともいえない。

次に、買主の売主に対する瑕疵担保による損害賠償請求権は、時効により消滅したとのＹらの抗弁に対し、次のように述べて、消滅時効の抗弁を排斥した。

❶消滅時効の起算点については、単にその権利の行使について法律上の障害がないというだけでなく、さらに、権利の性質上、その権利行使が現実に期待できるものといえることが必要である。そして、瑕疵担保による損害賠償請求権の権利行使をするについては、具体的な瑕疵の内容とそれに基づく損害賠償請求権を認識し、請求する損害額の算定根拠を把握できることが前提となる。裁判外の権利行使においても、こうした請求根拠を示すことが求められる。

❷この観点から本件につき検討するに、賦課金は、保留地の処分が奏効せず、その処分によっては、組合が負う事業経費の負担を賄うことができないという状況を踏まえた総会ないし総代会の決議により具体的な義務が発生するものであるところ、Ｈ組合は、保留地の処分を進めながらも、金融機関との協議に資金繰りの活路を求め、その交渉が思うに任せなかった結果、賦課金徴収の方針を決め、総代会決議に至ったものである。その過程には、Ｈ組合の理事のほか、総代会を構成する各総代の状況判断、先行きの見通しに対する思惑といった不確定要素があったものと推認され、このことは、Ｈ組合の総代会において、平成13年１月に賦課金徴収の決議がさ

れた（ただし、具体的な賦課金額、納付時期等の決議はなかった。）ものの、同年10月には賦課金総額34億円の議案が否決され、その後、同年11月に同24億円の決議がなされたこと、そして、平成14年4月の金融機関との特定調停を経て本件各賦課金の請求に至ったことからも裏付けられる。この間、平成11年12月に工事業者が留置権を主張してバリケードを設置したが、H組合は、仮換地の譲受人であるX1〜X6に対して、土地区画整理事業やH組合の状況について、以上のような情報を随時、的確に周知してはいなかったものと認められる。

❸そうすると、H組合における賦課金発生の可能性及びその額等については、不確定要素が多く介在していたとみるべきであるが、X1〜X6に対しては、その状況が随時、的確に伝えられてはいなかったのであり、本件各賦課金が売買目的物の土地の瑕疵といえるかについては、通常人にとって容易に判断し難い法律問題を含んでもいたのであるから、X1〜X6において、その権利行使が現実に可能ないし期待できることになったのは、早くても、本件各通知書が到達した平成14年11月というべきである。

❹そして、X1〜X5は平成15年4月ころ、X6は賦課金額通知書の到達後間もなく、Yらに対し、上記損害賠償を請求した旨主張し、Yらは、このことを明らかに争わない。そうすると、Yらは、上記通知書到達から1年以内に損害賠償を請求したものであり、X1〜X6が本件訴訟を提起したのは本件各通知書受領から10年以内の平成21年11月16日であることは当裁判所に顕著であるから、Yらの消滅時効の主張は理由がない。

以上のように判示して、X1〜X6の請求を一部認容した（平成23年4月7日広島高裁判決、裁判所ウェブサイト、ウェストロージャパン）。

3．最高裁判決

Yらが上告したところ、最高裁は次のように判示して、原判決を破棄し、X1〜X6の請求を棄却した（平成25年3月22日最高裁二小判決、裁判集民243号83頁、裁判所時報1576号7頁、裁判所ウェブサイト、判例タイムズ1389号91頁、判例時報2184号33頁、金融法務事情1976号80頁）。

❶H組合が組合員に賦課金を課する旨決議するに至ったのは、保留地の分譲が芳しくなかったためであるところ、本件各売買の当時は、保留地の分譲はまだ開始されていなかったのであり、H組合において組合員に賦課金を課する

ことが具体的に予定されていたことは全くうかがわれない。そうすると、賦課金の決議が本件各売買から数年も経過した後にされたことも併せ考慮すると、本件各売買の当時においては、賦課金を課される可能性が具体性を帯びていたとはいえず、その可能性は飽くまで一般的・抽象的なものにとどまっていたことは明らかである。

❷土地区画整理法の規定によれば、土地区画整理組合が施行する土地区画整理事業の施行地区内の土地について所有権を取得した者は、全てその組合の組合員とされるところ（同法25条1項）、土地区画整理組合は、その事業に要する経費に充てるため、組合員に賦課金を課することができるとされているのであって（同法40条1項）、施行地区内の土地の売買においては、買主が売買後に土地区画整理組合から賦課金を課される一般的・抽象的可能性は、常に存在しているものである。

❸したがって、本件各売買の当時、Ｘ１～Ｘ６が賦課金を課される可能性が存在していたことをもって、本件各土地が本件各売買において予定されていた品質・性能を欠いていたということはできず、本件各土地に民法570条にいう瑕疵があるということはできない。

4．解　説

(1)　土地区画整理事業の費用負担

　　土地区画整理法に基づく土地区画整理事業における負担の仕組みは、他の不動産開発と大きく異なるが、概略、以下の通りである。

①　土地負担と金銭負担

　　土地区画整理事業の最大の特徴が減歩という土地負担である。土地区画整理事業においては、道路、公園等の公共施設用地の新設・拡大、保留地の設定、土地の区画の整形化が行われるので、従前地と同じ面積を指定することは困難であり、通常、従前地の面積より換地の面積が減少する。この現象を減歩と称する。減歩には、公共施設用地の新設・拡大のための土地を創出することを目的とする公共減歩と、保留地を創出することを目的とする保留地減歩がある。

　　そして、公共施設用地の新設・拡大や土地の区画の整形化のための調査・測量・設計・工事に要する費用が発生するが、そうした金銭的費用の負担が必要である。

　以上の負担のうち、土地負担については土地所有者（借地権者を含む。）
が負担者であり、金銭負担については施行者が負担者となる（土地区画整
理法118条1項）。ただし、金銭負担の具体的ないし最終的な負担者につい
ては、事業方式によって複雑であり、以下に述べる。

② **事業計画**

　土地区画整理法6条2項は事業計画について規定しているが、その記載
内容のうち金銭負担、すなわち、資金計画に関する部分の例は、次の通り
である[3]。

第5　資金計画書

　1．収入　　　　　　　　　　　　　　　　　　　　（単位：千円）

区　分		金　額	摘　要
通常費	国庫補助金		
	県　費		
	市分担金		
地方道路整備緊急費	交付金		
	県　費		
	市分担金		
地方特定道路整備費	県　費		
	市分担金		
保留地処分金			○○　㎡×　○○　　円／㎡
寄付金・その他			
市　助　成　金			
公共施設管理者負担金			国道○○号線工事
合　計			

　2．支出事業費　　　　　　　　　　　　　　　　　（単位：千円）

事項				単位	事業量	事業費	摘　要
公共	築造	道路築造費	幹線道路	m			
			区画道路	m			
			特殊道路	m			
		河川水路築造費	水　路	m			
			調整池	㎡			
		公園・緑地施設費		㎡			

3　岐阜市都市整備協会HP。

施設整備費		小　計				
	移転	建築物等移転費	戸			
		工作物移転費	件			
		小　計				
	移設	電柱等移設費	本			
		上水道移設費	m			
		小　計				
		計				
法第2条第2項該当事業費		上水道	m			
		下水道	m			
		ガ　ス	m			
		計				
整地費			式			
工事雑費			式			
調査設計費			式			
工事費計						
損失補償費			式			
計						
借入金利子			式			
計						
事務費			式			
合計						

③　土地区画整理事業の財源

　　土地区画整理事業は、多様な主体が施行者になることができる点も、他の不動産開発事業と大いに異なる特徴である。

　　こうした多様な施行者別の土地区画整理事業の財源構成を成立すると、（表）のとおりである。

　　なお、同表に記載していないが、公共施設管理者負担金は、全ての事業において財源となり得る。

（表）　施行者別の土地区画整理事業の財源構成

施行者	保留地処分金	賦課金	国費・地方費	負担金	分担金	補助金	受益者負担金	補助金
個人[4]	○	―	―	―	―	―	―	―
組合[5]	○	○	―	○	○	○	―	○

株式会社[6]	○	—	—	—	—	○	—	○
都道府県・市町村[7]	○	—	○	—	○	○	○	○
国[8]	○	—	—	—	○	○	—	—
UR[9]	○	—	—	—	—	○	—	—
公社[10]	○	—	—	—	—	○	—	—

④ 賦課金

前記の**（表）**に示すように、土地区画整理事業の財源のうち、組合に固有の財源が賦課金である。

組合は、その事業に要する経費に充てるため、賦課金として参加組合員以外の組合員に対して金銭を賦課徴収することができる（土地区画整理法40条1項）[11]。

賦課金の額は、組合員が施行地区内に有する宅地又は借地の位置、地積等を考慮して公平に定めなければならない（土地区画整理法40条2項）。

賦課金の額及び賦課徴収方法は、総会（総代会が設けられたときは総代

---

4 宅地について所有権若しくは借地権を有する者又は宅地について所有権若しくは借地権を有する者の同意を得た者をいう（土地区画整理法3条3項1号）。
5 宅地について所有権又は借地権を有する者が設立する土地区画整理組合（土地区画整理法3条3項2号）。
6 宅地について所有権又は借地権を有する者を株主とする株式会社で次に掲げる要件のすべてに該当するものは、当該所有権又は借地権の目的である宅地を含む一定の区域の土地について土地区画整理事業を施行することができる（土地区画整理法3条3項3号）。
一 土地区画整理事業の施行を主たる目的とするものであること。
二 会社2条5号に規定する公開会社でないこと。
三 施行地区となるべき区域内の宅地について所有権又は借地権を有する者が、総株主の議決権の過半数を保有していること。
7 都道府県又は市町村は、施行区域の土地について土地区画整理事業を施行することができる（土地区画整理法3条4項）。
8 国土交通大臣は、施行区域の土地について、国の利害に重大な関係がある土地区画整理事業で災害の発生その他特別の事情により急施を要すると認められるもののうち、国土交通大臣が施行する公共施設に関する工事と併せて施行することが必要であると認められるもの又は都道府県若しくは市町村が施行することが著しく困難若しくは不適当であると認められるものについては自ら施行し、その他のものについては都道府県又は市町村に施行すべきことを指示することができる（土地区画整理法3条5項）。
9 独立行政法人都市再生機構は、国土交通大臣が一体的かつ総合的な住宅市街地その他の市街地の整備改善を促進すべき相当規模の地区の計画的な整備改善を図るため必要な土地区画整理事業を施行する必要があると認める場合においては、施行区域の土地について、当該土地区画整理事業を施行することができる（土地区画整理法3条の2第1項）。
10 地方住宅供給公社は、国土交通大臣（市のみが設立した地方住宅供給公社にあっては、都道府県知事）が地方住宅供給公社の行う住宅の用に供する宅地の造成と一体的に土地区画整理事業を施行しなければ当該宅地を居住環境の良好な集団住宅の用に供する宅地として造成することが著しく困難であると認める場合においては、施行区域の土地について、当該土地区画整理事業を施行することができる（土地区画整理法3条の3）。
11 参加組合員は、別途、負担金及び分担金を支払わなければならない（土地区画整理法40条の2）。

会〈土地区画整理法36条3号〉）の決議事項とされており、当該決議がなされたときは、組合員について賦課金の具体的支払義務が発生する。

⑤　清算金

　土地区画整理法94条は、換地又は換地について不均衡が生ずると認められるときは、従前の宅地及び換地の位置、地積、土質、水利、利用状況、環境等を総合的に考慮して、金銭により清算するものとし、換地計画においてその額を定めなければならない旨を規定する。

　賦課金が、組合施行の土地区画整理事業における財源であるのに対し、清算金は、個々の換地についての不均衡を調整するための仕組みであり、組合施行をはじめ全ての事業方式に適用される。

　また、清算金は、事業収支の結果により、施行者が所有者から徴収する場合と、施行者が所有者に交付する場合とがある。

(2)　仮換地の売買

　土地区画整理法98条は、施行者は、換地処分を行う前において、土地の区画形質の変更若しくは公共施設の新設若しくは変更に係る工事のため必要がある場合又は換地計画に基づき換地処分を行うため必要がある場合においては、施行地区内の宅地について仮換地を指定することができると規定する。

　仮換地の指定の効果は、従前の宅地について権原に基づき使用し、又は収益することができる者は、仮換地の指定の効力発生の日から換地処分の公告がある日まで、仮換地又は仮換地について仮に使用し、若しくは収益することができる権利の目的となるべき宅地若しくはその部分について、従前の宅地について有する権利の内容である使用又は収益と同じ使用又は収益をすることができるものとし、従前の宅地については、使用し、又は収益することができない（土地区画整理法99条）。

　土地区画整理事業の規模が大きい場合、工区を分けて公共施設整備や区画の工事を段階的に行うことが合理的である。仮換地の制度は、このような場合に対応する仕組みである。

　そこで、仮換地の段階で土地が売買されることがある。この仮換地の売買とは、厳密に言えば、上記の条文の通り、土地所有権を完全かつ確定的に取得するものではなく、仮換地の使用収益権を取得し、将来、換地処分がされたときには、換地を取得するために、仮換地に対応する従前地について所有

権移転登記手続をすることを約する契約である。

(3) 賦課金の瑕疵該当性

　本件の原告らは、本件各土地は、賦課金の発生する可能性があり、法律上の制限があるものとして隠れた瑕疵があると主張した。

　賦課金は、土地区画整理組合に所属している組合員という地位（資格）に課される負担（徴収金）であって、売買の目的物たる仮換地という土地自体が通常有する品質・性能が欠けているわけではないとして、民法570条を適用することに否定的な見解がある[12]。確かに、組合員に対する賦課金が既に発生している場合には、それは固定資産税等と同様、目的物である土地に課された負担であり、本来目的物自体が通常有する品質・性能の問題ではないと言える。

　しかしながら、契約の目的物の瑕疵（契約不適合）とは、物理的なものに限定されず、法令上、環境上、心理的なものも含まれる幅広い概念である。

　すなわち、契約当時の一般的な取引通念に照らし、目的物が通常有する品質又は性能を欠いており、そのことが目的物の価額に影響を及ぼすような場合、その欠けた要素を瑕疵（契約不適合）と評価するのである。

　古い判例であるが、耕地整理組合の組合員から換地処分地を買い受けた者が、売主が組合から課されていた清算徴収金の滞納金を支払わされたことから、瑕疵担保責任を請求した事案において、大審院は民法570条を類推適用して売主の責任を認めた（大判昭和17年12月1日民集21巻1142頁）。組合員に対する負担金が瑕疵に該当する場合があることを認めた先例として評価できる。

(4) 賦課金の可能性と瑕疵

　本件では、土地区画整理事業の施行中に仮換地が売買された後に、賦課金が買主に対し課された。この賦課金が売買対象である仮換地の瑕疵に該当するか否かが争点である。

12　本件判決を評釈する山本豊『私法判例リマークス』49号32頁は、「本来は一般債務履行法に位置づけられるべき問題が瑕疵担保法に仮託して提起されて」いるとする。また、野口大作『法律時報』86巻11号120頁は、「売主の賦課金が全く課されないとの言明があるなど特殊な場合以外は、やはり民法570条の瑕疵には該当しないと考えるべきである（ただし、私見では、本来570条を適用する場面ではなく、売主の言明があった場合は、保証合意違反の債務不履行で処理すべきものと考えている）」とする。

　この点については、それまで裁判例がなく、学説では、民法565条の類推適用により、買主が売主に対し賦課金相当額の代金減額請求をすることができるとの指摘があるのみであった[13]。

　本件の原告らは、本件各土地は、賦課金の発生する可能性があり、法律上の制限があるものとして隠れた瑕疵があると主張した。

　売買金額が賦課金を考慮しないで決定されたにもかかわらず、実際には売買時点において賦課金が課される具体的可能性が発生しており、その結果として買主が賦課金を負担したような場合、前述のとおり、当該賦課金は法令上の瑕疵に該当する[14]。

　ところで、瑕疵は、売買の時点において存在していることが必要であるから、本件のように、代金支払、引渡し、移転登記の全てが完了した後に賦課金の決議がされた場合には、賦課金の負担それ自体を瑕疵と解することはできない。

　そこで、第一審は、売買当時に賦課金が発生する可能性が存在しており、その後具体化したとして、この賦課金発生の可能性をもって瑕疵と認定した。

　原審は、本件各売買当時、賦課金発生の可能性は、抽象的な域（一般抽象的なレベルにとどまる限りは瑕疵とは評しがたい。）を超え具体性を帯びていたといえる状況にあったと判示した。

　これに対し、最高裁は、H組合が賦課金を課するに至ったのは、本件各売買後に開始された保留地の分譲が芳しくなかったためであり、本件各売買の当時、H組合において組合員に賦課金を課することが具体的に予定されていたとは全くうかがわれないことや、賦課金を課する旨のH組合の決議がされたのは、本件各売買から数年も経過した後のことであったといった事情を挙げて、本件各売買の当時においては、賦課金を課される可能性は一般的・抽象的なものにとどまっていたとした。

　第一審は、一般的・抽象的な可能性をもって瑕疵の存在を認定したのに対し、原審は「一般抽象的なレベルにとどまる限りは瑕疵とは評しがたい」として、この可能性が具体化していたと認定した。前述のように、売買時点において賦課金が課される具体的可能性が発生していなければ、法令上の瑕疵

13　大場民男『新版縦横土地区画整理法（下）』一粒社、156頁。
14　法令上の瑕疵の例としては、都市計画制限やがけ条例による建築規制がある。

が存していたと解することは困難であるから[15]、原審と最高裁はこの理解において共通している。

しかし、原審は、売買時点において賦課金が発生する可能性が具体性を帯びていたことの根拠について何ら説示していないので、瑕疵の存在を認定したことは首肯できず、最高裁の判断が妥当であると考えられる。

(5) 清算金の問題

土地区画整理事業における固有の金銭負担であり、かつ、事業当初においては、その負担の有無が具体化していないという点で賦課金と共通するのが清算金である。清算金は、前述したように賦課金とは異なる性格を持つものであるが、最高裁判決が既に出されており、不動産取引の実務上大いに参考になると考えられるので、ここで紹介しておきたい。問題の所在は、土地区画整理法は清算金の処分の相手方について直接これを定めた規定が存しないことから、事業の施行中に売買があった場合、施行者は売主、買主のいずれを処分の相手方とすべきかが争われる点である[16]。

① 換地処分前の売買と清算金

仮換地の売買があった後、施行者が買主に対し清算金の徴収処分をしたことに対し、清算金の徴収は当該土地の売主に対してすべきであるとして争われた事案において、換地処分前の所有権移転の場合、清算金に関する権利義務は、当事者間においてのみ売主に帰属し、施行者に対する関係では買主に帰属すると解するのが相当であると判示した（昭和56年9月30日福岡高裁判決、行集32巻9号1731頁、ウェストロージャパン）[17]。

② 換地処分後の売買と清算金

換地処分の確定後、換地につき売買による所有権の移転があった場合、買主の取得した清算交付金請求権は、売買当事者間において、その帰属について特段の合意がされない限り、売買の当事者間における関係のみならず、施行者に対する関係でも、買主に移転しないものとするのが相当であ

---

15 一般的・抽象的な可能性をもって瑕疵を認定するならば、仮換地の売買は全て法令上の瑕疵があることになり、明らかに不合理である。

16 仮換地の売買契約書には、「清算金の徴収があるときは、売主が負担する」旨の特約があることが多いので、実務上問題になる。施行者は現所有者に対してのみ強制徴収を行うことができるので、売主が第三者納付又は重畳的債務引受をしてくれるのが現実的な解決方策である。

17 昭和51年8月30日最高裁二小判決も、換地清算金は当事者間においては売主に帰属する旨判示するが、施行者との関係については触れていない。

ると判示した（昭和48年12月21日最高裁二小判決、民集27巻11号1649頁、判例タイムズ304号164頁、判例時報733号51頁、金融法務事情717号42頁）。

5．本件判決の意義

(1)　最高裁としての初めての判断

　　仮換地の売買当時は賦課金が発生しておらず、売買後に買主が賦課金納付義務を負うこととなった場合において、売主が瑕疵担保責任を負うか否かという問題について最高裁が初めて判断を下したという点で意義がある。

　　そして、売買当時に瑕疵が存在していたというためには、賦課金を課される可能性が法律上はあり得るといった一般的・抽象的な可能性では足りず、何らかの根拠に基づく具体的な可能性が必要であると判示したことは、理論的に首肯できるものであり、また、実務の立場からも合理的であると評価できよう。

(2)　清算金との相違

　　清算金は、全ての土地区画整理事業に適用される不均衡是正調整金といえるものであり[18]、徴収される場合もあれば、交付される場合もある。下級審判決では、「一般に仮換地の売買において、清算金の徴収額を勘案せずに売買価格が定められている場合、すなわち売買価格が仮換地自体の価値によって決定されている場合の徴収清算金については、当事者間においては、公平の見地から、売主がこれを負担すると解すべきである」とするものがある[19]。

　　これに対し、賦課金は、組合施行の土地区画整理事業において、保留地の処分が計画通りに進まず、想定外の事業収支の悪化が発生した場合に、組合員に対し、事業費の不足分の負担を求めるものであり、施行者である組合の構成員として立場に基づく、いわば自己責任負担金であると解される。このような理解は、土地区画整理法118条１項が土地区画整理事業に要する費用は、施行者が負担する旨を規定することとも整合的である。

　　したがって、賦課金は、売買の有無にかかわらず、あくまでも組合員が負担すべき性質のものである。

18　大場民男『条解・判例土地区画整理法』日本加除出版、508頁。
19　昭和55年11月27日熊本地裁判決、ウェストロージャパン、判例検索β

(3) **本件判決の射程：その1**

　本件判決は、仮換地の売買当時は賦課金が発生しておらず、かつ、賦課される可能性が一般的・抽象的な可能性にとどまっていた場合における瑕疵に関する判断を示したものである。

　それでは、換地処分後の売買についてはどうであろうか。瑕疵の存否に関する判断基準は、あくまでも売買の時点で具体的な賦課金の可能性が存在していたか否かであるから、売買の対象物が仮換地であるか換地であるかによって、最高裁の判断基準を異にする必然性も合理的な理由も見当たらないから、換地処分後の売買に対しても、本件判決の判断枠組みは適用されると解される。

(4) **本件判決の射程：その2**

　売買対象の土地が売買において予定されていた品質・性能を欠いていたと評価できるほどの賦課金の可能性とは、どのようなものか。

　本件判決は直接判示していないが、例えば、売買当時、賦課金徴収について決議するための総代会が招集されており、かつ、当時の状況に照らして当該決議が可決されることが確実であったという場合や、売買当時、既に保留地が全て滅失していたため、賦課金が課されることが確実であった場合が、賦課金発生の可能性が具体性を帯びている例として挙げられている[20]。

　いずれにせよ、この点は今後の事例の蓄積を俟つこととなる。

6．宅地建物取引業者としての留意点

　本件各売買は、いずれも宅地建物取引業者が仲介していた。土地区画整理事業の施行中の売買においては、買主は区画整理事業の対象地の所有者としての制約を受けたり、負担に任ずることになる。特に、事業が組合施行方式の場合、買主は、当初の組合員である売主の特定承継人として組合員たる地位を承継することになる。この点は、土地区画整理組合が施行する土地区画整理事業の施行地区内の土地について所有権を取得した者は、全てその組合の組合員とされるところからも明らかである（同法25条1項）。

　したがって、仲介を行う宅建業者は、この点を買主にきちんと説明する必要がある。

20　本件判決に対する評釈の解説文、判例時報2184号35頁。

　また、各団体で作成している重要事項説明書の標準様式には、清算金については記載があるものの、賦課金についてまで記載しているものは見当たらない。

　そして、宅地建物取引業法の解釈・運用の考え方には、清算金について、「重要事項説明書に記載の上説明することとする」と示しているものの、賦課金については触れていない。

　しかしながら、保留地の売却が円滑に進んだ時代と異なり、地価下落に伴い事業の採算が悪化することの多い今日の状況下では、本件のような事案は決してレアケースではない。

　したがって、前記に例示したような賦課金発生の可能性が具体性を帯びているか否か、調査した上で、もし具体的な事情を認識した場合には、重要事項説明時に買主に対し、きちんと説明することが宅建業者に求められる。

7．本件判決に関する評釈

・田中宏治『ジュリスト臨時増刊』1466号81頁（平成25年重要判例解説）
・丸山昌一『NBL』1005号56頁
・松井和彦『民商法雑誌』148巻3号348頁
・中谷崇『法律のひろば』67巻3号67頁
・渡辺晋『不動産鑑定』55巻8号28頁
・野口大作『法律時報』86巻11号117頁
・山本豊『私法判例リマークス』49号30頁
・柳景子『法学セミナー増刊（新判例解説 Watch）』14号95頁
・中央大学真法会『受験新報』753号60頁
・中川敏宏『法学セミナー』716号116頁

借家に関する判例

判例　3 ／03

消費者契約である建物賃貸借契約における
更新料条項の効力
（平成23年 7 月15日最高裁第二小法廷判決）

////////// 判決のポイント //////////

賃貸借契約書に一義的かつ具体的に記載された更新料条項は、更新料の額が賃料の額、賃貸借契約が更新される期間等に照らし高額に過ぎるなどの特段の事情がない限り、消費者契約法10条にいう「民法第 1 条第 2 項に規定する基本原則に反して消費者の利益を一方的に害するもの」には当たらないとされたこと。

当事者の関係図

住宅の賃借人Ｘ
（原告、被控訴人、被上告人）

← 建物賃貸借契約 →

住宅の賃貸人Ｙ
（被告、控訴人、上告人）

注：ＹはＸの保証人も相手方として上告をしたが、本稿の解説テーマには直接関係しないので、省略した。

1 ．事案の概要

❶被上告人Ｘは、平成15年 4 月 1 日、上告人Ｙとの間で、京都市内の共同住宅の一室（以下「本件建物」という。）につき、期間を同日から平成16年 3 月31日まで、賃料を月額 3 万8,000円、更新料を賃料の 2 か月分、定額補修分担金を12万円とする賃貸借契約（以下「本件賃貸借契約」という。）を締結し、即日、本件建物の引渡しを受けた。

❷本件賃貸借契約は、消費者契約法10条にいう「消費者契約」に当たる[1]。

❸本件賃貸借契約に係る契約書（以下「本件契約書」という。）には、Ｘは、契約締結時に、Ｙに対し、本件建物退去後の原状回復費用の一部として12万円の定額補修分担金を支払う旨の条項があり、また、本件賃貸借契約の更新

1　賃借人は、消費者契約法10条が憲法違反であると主張し、本件判決はこの主張を排し、同条の合憲性を認定したが、本稿では紙幅の関係上この論点については割愛する。

につき、1）Xは、期間満了の60日前までに申し出ることにより本件賃貸借契約の更新をすることができる、2）Xは、本件賃貸借契約を更新するときは、これが法定更新であるか、合意更新であるかにかかわりなく、1年経過するごとに、上告人に対し、更新料として賃料の2か月分を支払わなければならない、3）Yは、Xの入居期間にかかわりなく、更新料の返還、精算等には応じない旨の条項がある（以下、この更新料の支払を約する条項を「本件更新料条項」という。）。

❹Xは、Yとの間で、平成16年から平成18年までの毎年2月ころ、3回にわたり本件賃貸借契約をそれぞれ1年間更新する旨の合意をし、その都度、Yに対し、更新料として7万6,000円を支払った。

❺Xが、平成18年に更新された本件賃貸借契約の期間満了後である平成19年4月1日以降も本件建物の使用を継続したことから、本件賃貸借契約は、同日さらに更新されたものとみなされた。その際、X1は、Yに対し、更新料7万6,000円の支払をしていない。

2．第一審判決・第二審判決

(1) 第一審判決

第一審は、Xが、Yに対し、更新料条項及び定額補修分担金条項はいずれも消費者契約法10条に反し無効であるとして、賃貸借契約中に3回にわたり支払った更新料合計22万8,000円及び契約締結時に支払った定額補修分担金12万円の返還を求めたところ（本訴）、Yが、X及び連帯保証人に対し、未払の更新料の支払を求めた（反訴）事案である。

裁判所は、本件更新料条項について、賃料の補充とみることや賃借権強化の対価の性質を有するとみることは困難であるし、更新拒絶権放棄の対価という性質も希薄であって、更新の際、賃借人が賃貸人に支払う金銭という一種の贈与的な性格を有するものであるとした上で、原告と被告との間の情報量の格差等の事情も考慮して、本件更新料条項は消費者契約法10条に反して無効であるとし、本訴請求については認めたものの、反訴請求については棄却した。

なお、本件定額補修分担金条項についても同条に反して無効であるとした（平成21年9月25日京都地裁判決、判例タイムズ1317号214頁、判例タイムズ2066号81頁）。

(2) 第二審判決

　　Yが控訴、Xが附帯控訴したところ、控訴審は、第一審と同様の理由により、本件更新料条項及び本件定額補修分担金条項は、いずれも消費者契約法10条に該当し無効であるとして、原判決を維持し、控訴を棄却した（平成22年2月24日大阪高裁判決、ウェストロージャパン）。

3．最高裁判決

　　Yが上告したところ、最高裁は次のように判示した（平成23年7月15日最高裁二小判決、民集64巻4号1197頁、判例時報2082号55頁、判例タイムズ1326号111頁）。

❶更新料は、期間が満了し、賃貸借契約を更新する際に、賃借人と賃貸人との間で授受される金員である。これがいかなる性質を有するかは、賃貸借契約成立前後の当事者双方の事情、更新料条項が成立するに至った経緯その他諸般の事情を総合考量し、具体的事実関係に即して判断されるべきであるが（最高裁昭和59年4月20日二小判決・民集38巻6号610頁参照）、更新料は、賃料と共に賃貸人の事業の収益の一部を構成するのが通常であり、その支払により賃借人は円満に物件の使用を継続することができることからすると、更新料は、一般に、賃料の補充ないし前払、賃貸借契約を継続するための対価等の趣旨を含む複合的な性質を有するものと解するのが相当である。

❷そこで、更新料条項が消費者契約法10条により無効とされるか否かについて検討する。

　ア．消費者契約法10条は、消費者契約の条項を無効とする要件として、当該条項が、民法等の法律の公の秩序に関しない規定、すなわち任意規定の適用による場合に比し、消費者の権利を制限し、又は消費者の義務を加重するものであることを定めるところ、ここにいう任意規定には、明文の規定のみならず、一般的な法理等も含まれると解するのが相当である。そして、賃貸借契約は、賃貸人が物件を賃借人に使用させることを約し、賃借人がこれに対して賃料を支払うことを約することによって効力を生ずる（民法601条）のであるから、更新料条項は、一般的には賃貸借契約の要素を構成しない債務を特約により賃借人に負わせるという意味において、任意規定の適用による場合に比し、消費者である賃借人の義務を加重するものに当たるというべきである。

イ．また、消費者契約法10条は、消費者契約の条項を無効とする要件として、当該条項が、民法1条2項に規定する基本原則、すなわち信義則に反して消費者の利益を一方的に害するものであることをも定めるところ、当該条項が信義則に反して消費者の利益を一方的に害するものであるか否かは、消費者契約法の趣旨、目的に照らし、当該条項の性質、契約が成立するに至った経緯、消費者と事業者との間に存する情報の質及び量並びに交渉力の格差その他諸般の事情を総合考量して判断されるべきである。

ウ．更新料条項についてみると、更新料が、一般に、賃料の補充ないし前払、賃貸借契約を継続するための対価等の趣旨を含む複合的な性質を有することは、前記❶に説示したとおりであり、更新料の支払にはおよそ経済的合理性がないなどということはできない。また、一定の地域において、期間満了の際、賃借人が賃貸人に対し更新料の支払をする例が少なからず存することは公知であることや、従前、裁判上の和解手続等においても、更新料条項は公序良俗に反するなどとして、これを当然に無効とする取扱いがされてこなかったことは裁判所に顕著であることからすると、更新料条項が賃貸借契約書に一義的かつ具体的に記載され、賃借人と賃貸人との間に更新料の支払に関する明確な合意が成立している場合に、賃借人と賃貸人との間に、更新料条項に関する情報の質及び量並びに交渉力について、看過し得ないほどの格差が存するとみることもできない。

エ．そうすると、賃貸借契約書に一義的かつ具体的に記載された更新料条項は、更新料の額が賃料の額、賃貸借契約が更新される期間等に照らし高額に過ぎるなどの特段の事情がない限り、消費者契約法10条にいう「民法第1条第2項に規定する基本原則に反して消費者の利益を一方的に害するもの」には当たらないと解するのが相当である。

❸これを本件についてみると、認定事実によれば、本件更新料条項は本件契約書に一義的かつ明確に記載されているところ、その内容は、更新料の額を賃料の2か月分とし、本件賃貸借契約が更新される期間を1年間とするものであって、上記特段の事情が存するとはいえず、これを消費者契約法10条により無効とすることはできない。また、これまで説示したところによれば、本件更新料条項を、借地借家法30条にいう同法第3章第1節の規定に反する特約で建物の賃借人に不利なものということもできない。

❹最高裁は以上の説示により、原判決中、Xの定額補修分担金の返還請求に関

40

する部分を除く部分を破棄し、更新料の返還を求めるXの請求を棄却し、また、未払更新料7万6,000円及びこれに対する催告後である平成19年9月19日から支払済みまで民法所定の年5分の割合による遅延損害金の支払を求めるYの請求を認容した。

4. 解　説

(1) 本件判決をめぐる事情

　平成10年代以降、京都地方を中心に、住宅賃貸借契約における更新料や敷引、定額補修分担金という一連の特約の効力をめぐる訴訟が相次いで提起された。

　これらの訴訟のうち、定額補修分担金については返還請求が認められた。また、敷引条項については最高裁の第一小法廷と第三小法廷が担当し、いずれも敷引条項の原則的有効性を認めた[2]。

　そして、更新料については、3件の訴訟が提起され[3]、第一審、第二審でそれぞれ更新料条項の有効性に対する判断が分かれていたところ、最高裁第二小法廷がこれらの事案に対し同日、同旨の判決を下した[4]。

　3件の事案の内容を比較表記したのが（表—1）である。

（表—1）　更新料条項をめぐる訴訟事案の比較

	本件事案	別件A事案	別件B事案
契約日	平成15年4月	平成12年8月	平成12年8月
物件の属性	京都市内の共同住宅	京都市内の共同住宅	滋賀県内の共同住宅
賃貸人	法人家主	個人家主	個人家主
賃借人	学生	会社員	会社員
仲介業者	有り	有り	有り
月額家賃	3万8千円	4万5千円（共益費含む）	5万2千円　共益費2千円
礼金	なし	6万円	20万円
定額補修金	12万円	なし	なし

2　平成23年3月24日最高裁一小判決民集65巻2号903頁、同年7月12日最高裁三小判決集民237号215頁。
3　3件とも、原告（借家人）側の弁護団、被告（賃貸人）側の弁護団はそれぞれ同一の弁護団である。
4　本件解説の判決以外は公刊されていないが、判決要旨はいずれも同じである。なお、更新料問題を考える会・貸主更新料弁護団『更新料裁判報告集』平成23年10月21日（非売品）は3件の最高裁判決を掲載する。

更新料	家賃の2か月分	10万円 （家賃の2.2か月分）	家賃の2か月分 最後は1か月分
期間	1年更新	1年更新	2年更新
更新回数	3回	5回	3回
請求額	22万8千円	50万円	26万円
提訴日	平成20年2月27日	平成19年4月13日	平成20年5月20日
第一審	京都地裁・無効	京都地裁・有効	大津地裁・有効
第二審	大阪高裁・無効	大阪高裁・無効	大阪高裁・有効
最高裁	有効	有効	有効

（注）　石川信「建物賃貸借における更新料条項の有効性」『白鷗法学』20巻1号71頁掲載の表に基づき作成。

(2) 更新料の意義

① 更新料の定義

更新料は、民法上も借地借家法上も規定のない、あくまでも特約に基づく金銭であるが、一般に、不動産賃貸借契約の期間満了に伴う契約更新に際して賃借人から賃貸人に対して支払われる一時金と定義される[5]。

② 更新料の歴史

更新料の歴史は古くなく、借地に始まる。第二次世界大戦後の急激な物価・地価高騰の下で、戦前に設定された既存借地と戦後に設定された新規借地との間の地代格差が著しく大きくなっていた。地主としては、この格差を解消すべく、地代を引き上げようとしても事実上は容易でなく、借地契約を解消しようとしても存続保護により容易ではなかった。そこで、地主と借地人の利益調整手段として更新料が導入されたと言われている[6]。

これに対し、借家の更新料は、仲介業者のイニシアティブにより導入されたと言われている。すなわち、家主に更新料を授受させれば、業者もその一部を受け取ることができるのではないか、あるいは、仲介の依頼が増えるのではないかという業者側の期待と、もらっておいても損はないとい

5　新田孝二「賃貸借契約における更新料の支払義務⑴」判例時報825号23頁。更新料の法的性質を論じたものとして、石外克喜「権利金・更新料の判例総合解説」111頁以下、渋川満「更新料」『現代借地借家法講座Ⅰ（借地）』41頁以下、大澤彩「現代賃貸借契約における更新料特約の規制法理（上）」NBL931号20頁以下を参照。

6　更新料の歴史については、宮崎俊行「借地契約の更新料と利益衡量的手法」『日本法学』45巻2号71頁以下、前掲注4の新田論文、石外論文、渋川論文を参照。

う家主の感性が更新料を普及させた要因と考えられている[7]。

③ 更新料の実態

　　借家における各種一時金の慣行の割合と月額家賃に対する水準（何か月分）を主要な都道府県別に示したのが（**表―2**）である。

　　（**表―2**）を見ると分かるように、更新料を含め各種一時金を授受する慣行の比率は、地域によってバラツキが顕著であり、全国的な傾向を見出すことは困難である。また、各種一時金が支払われる場合の水準もまた一定ではなく、何らかの法則性を見出すこともまた困難である。

　　さらに、更新料の場合、本件事案の所在地である京都では、その金額水準が他の地域に比べて顕著に高いという特徴が見られる一方で、京都に近い大阪や兵庫ではそもそも更新料の慣行が報告されていない点が注目される[8]。

（表―2）　住宅賃貸借（借家）における各種一時金の市場慣行

		北海道	宮城	東京都	神奈川	埼玉	千葉	長野	富山
敷金	割合(%)	81.3	89.1	70.3	84.5	65.5	89.4	89.9	88.2
	平均(月)	1.4	0.8	1.6	1.6	1.6	1.6	1.0	2.2
礼金	割合(%)	5.8	56.7	57.5	66.1	60.7	57.3	49.2	72.8
	平均(月)	1.0	0.7	1.4	1.3	1.0	1.2	0.5	0.5
敷引金（償却）	割合(%)	28.6	0	5.3	0.3	3.4	0.4	0.4	16.2
	平均(月)	1.0	—	1.0	1.0	1.5	0.5	3.0	2.3
更新料	割合(%)	28.5	0.2	65.0	90.1	61.6	82.9	34.3	17.8
	平均(月)	0.1	0.5	1.0	0.8	1.0	1.0	0.5	0.5
いずれも徴収せず	割合(%)	6.6	0	4.7	0	0.6	10.3	0	5.7

		愛知	京都	大阪	兵庫	広島	愛媛	福岡	沖縄
敷金	割合(%)	72.8	58.5	72.0	100.0	87.7	18.0	93.1	82.7
	平均(月)	2.7	3.4	3.2	3.7	3.2	3.0	3.3	1.5
礼金	割合(%)	41.8	17.6	53.3	8.0	24.7	1.3	0	61.9
	平均(月)	1.1	1.6	2.6	3.2	1.3	0.5	—	1.0
敷引金	割合（%)	1.8	51.0	29.9	96.0	1.8	10.5	89.5	15.6

7　石川信「建物賃貸借における更新料条項の有効性」『白鴎法学』20巻1号71頁。
8　もちろん、大阪府内や兵庫県内では更新料が一切授受されていないことを証明するものではない。しかし、本データは賃貸住宅管理業者の全国団体によるものであり、賃貸住宅全体に占めるシェアの大きさから考えて、市場の実態を正確に表示していると言えよう。

（償却）	平均（月）	1.7	2.8	3.1	2.8	1.5	0.8	2.6	1.0
更新料	割合（%）	40.6	55.1	0	0	19.1	13.2	23.3	40.4
	平均（月）	0.5	1.4	─	─	0.2	0.5	0.5	0.5
いずれも徴収せず	割合（%）	0.6	4.6	3.9	0.6	0	0.7	1.1	0

（資料）　民間賃貸住宅に係る実態調査（平成19年財団法人日本賃貸住宅管理協会）による204件のデータ。

(3)　更新料の法的性質に関する学説

①　賃料の前払・補充説

更新料を賃料の一部、具体的には賃料の前払い又は賃料の補充であると解する学説がある[9]。

この学説は、その根拠を、1）更新料発生の経緯、2）当事者の合理的意思解釈、3）更新料が不動産鑑定評価における実質賃料の考慮事由とされていることに求めている[10]。

②　更新承諾の対価説

更新料には、家主に更新拒絶権を放棄してもらい、更新に伴う紛争をあらかじめ回避する趣旨があると解する学説である[11]。

③　賃借権強化の対価説

更新料には、借家人にとって、法定更新により期間の定めのない賃貸借となることを避ける趣旨があると解する学説である[12]。

④　中途解約の対価説

更新料には、借家人に中途解約の自由を認める意味があり、借家人に

9　星野英一『借地・借家法』66頁、鈴木禄弥『借地法（上）』525頁、鈴木重勝「更新料」『現代契約法体系3巻』52頁。

10　この説に対しては、1）更新料発生の基礎というべき不動産価格の上昇が現在では見込めないこと、2）1年や2年といった約定期間が短い借家契約では賃料の不足分が生じないこと、3）中途解約の場合に残期間分の更新料が返還されない現状実務の扱いと矛盾することを理由とする反論がある（前掲注6石川論文81頁）。

11　石田明「借地権利金の性質」『不動産法体系Ⅲ』237頁。この説に対しては、1）借地借家法の下では、正当事由が認められずに更新拒絶権が発生する例は極めて少ないこと、2）借家人が更新料を支払わなくても、家主は正当事由がなければ更新拒絶できないのが法原則であること、3）家主が月額賃料の1～2か月分程度の更新料で更新拒絶権を放棄するとは考えにくいことを理由とする反論がある（前掲注6石川論文81～82頁）。

12　木崎安和「借家契約における特約の効力」『新借地借家法講座3巻（借家）』187頁。この説に対しては、借地借家法の下では、期間が約定された当初契約が法定更新されて期間の定めのない賃貸借になったとしても、その後に正当事由が備わらない限り、家主からの解約が認められるケースは稀なのだから、議論の実益がないとする反論がある（前掲注6石川論文82頁）。

とって有利であるとする学説がある[13]。

⑤　単なる贈与説

借地借家法の趣旨を考えると、更新料の授受には合理的な理由は存在せず、強いて意味を見出すとすれば、借家人から家主に対する一種の謝金・礼金に過ぎないと解する学説がある[14]。

⑥　複合的性質説

以上の学説に対し、そもそも更新料には諸要素が複合されており、その性質を単独断定的に説明し尽くすことはできないとして、更新料の趣旨・性質を複合的にとらえる見解が近時有力になっている[15]。

本件判決が採用した見解である[16]。

⑷　更新料特約と借地借家法30条との関係

①　本件判決の判断

本件事案における借家人の主張の中心は、更新料条項は消費者契約法10条により無効であるという点にあることから、本件最高裁判決においても、借地借家法30条との関係については「これまで説示したところによれば、本件更新料条項を、借地借家法30条にいう同法第3章第1節の規定に反する特約で建物の賃借人に不利なものということもできない。」と判示するのみである[17]。

その理由を判決文中の「これまで説示したところ」に求めると、1）更新料は複合的な性質を有し、およそ経済合理性がないとはいえないこと、

13　加藤雅信「賃貸借契約における更新料特約の機能と効力」法律時報82巻8号50号。この説に対しては、1）契約上は、家主側にも中途解約権が留保されていること、2）更新前の当初契約にも借家人の中途解約権の留保特約があることなどを理由とする反論がある（前掲注6石川論文82頁）。

14　澤野順彦「更新料特約および敷引特約の効力」NBL913号21頁、甲斐道太郎＝石田喜久夫編『借地借家法』（新垣進）231頁、河上正二「判例評論」判例時報2108号22頁、新井剛「居住用借家契約における更新料条項の効力」ジュリスト1430号88頁。この説に対しては、1）理論的ではないこと、2）消極的であり、紛争の合理的な解決につながらないことなどを理由とする反論がある（前掲注6石川論文83頁）。

15　森冨義明「最高裁時の判例」ジュリスト1441号108頁、前掲注4渋川論文56頁、塩崎勤「最判昭59.4.20の判例評論」法曹時報39巻2号370頁、浦野真美子「更新料をめぐる問題」判例タイムズ932号135頁。

16　この説に対しては、前掲注6石川論文83頁は、社会事象一般を把握・説明する場合の一つの正論であるが、更新料は有効か不当かという二者択一の命題について明確には答えられないという難点を指摘している。

17　借地借家法30条は建物賃貸借に関する存続保障に関する特約、すなわち、建物賃貸借の更新（26条）、解約による建物賃貸借の終了（27条）、建物賃貸借更新拒絶等の要件（28条）、建物賃貸借の期間（29条）に関する特約を対象としており、更新料特約は26条に関する特約である。

2）一定の地域における更新料の支払は公知であること、3）裁判上の和解手続等においても、更新料条項は公序良俗に反するなどとして、これを当然に無効とする取扱いがされてこなかったことは裁判所に顕著であることであろうか。

② 学説の展開

当初の学説は、更新料特約を無効とするものが多かったところ[18]、合意更新について有効、法定更新について無効と解する説が示され[19]、その後、法定更新でも有効と解する立場が多くなり[20]、借地借家法30条との関係においては更新料特約原則有効説が今日の通説とされる[21]。

③ 下級審判決の展開

下級審判決の内容は、こうした学説の展開を受け、合意更新＝更新料特約有効・法定更新＝ケースバイケースの判断が支配的であった状況から、更新料特約原則有効の判断が増えつつあるとされる[22]。

(5)　更新料特約と消費者契約法10条との関係

① 10条前段要件の適用問題

消費者契約法10条は、消費者契約の条項を無効とする要件の第一として、当該条項が、民法等の法律の公の秩序に関しない規定、すなわち、任意規定の適用による場合に比し、消費者の権利を制限し、又は消費者の義務を加重するものであることを定める。

ここで、任意規定の範囲について、明文の規定に限定されるとする見解と[23]、慣習や特約、一般法理なども含まれるとする見解が対立していた[24]。

本件判決は、任意規定には、明文の規定のみならず、一般的な法理等も

18　星野前掲書495頁、篠塚昭次『不動産法の常識（下）』81頁、山田卓生『借家の法律相談増補版』399頁、甲斐＝石田前掲書187頁。
19　木崎前掲書187頁、宮川博史「判例批評」判例タイムズ913号79頁。
20　広中俊雄＝佐藤岩夫『注釈民法(15)』931頁、佐藤「判例批評」判例タイムズ838号49頁、梶村太一「借地借家契約における更新料をめぐる諸問題（下）」判例タイムズ342号60頁、太田武聖「更新料」判例タイムズ695号29頁。
21　前掲注4の新田論文121頁。これら学説の展開を詳細に論じたものとして前掲注6石川論文85頁以下を参照。
22　前掲注6石川論文85～86頁。
23　松本恒雄「規制緩和時代と消費者契約」法学セミナー549号7頁、「〈鼎談〉消費者契約法を語る」判例タイムズ1206号23頁加藤雅信発言。
24　山本敬三「消費者契約立法と不当条項規制」NBL686号22頁、山本豊「消費者契約法（3・完）」法学教室243号62頁、落合誠一『消費者契約法』149頁。

含まれると解するのが相当であると説示して、後者の見解を採用すること
を明らかにした[25]。

　そして、更新料条項は、一般的には賃貸借契約の要素を構成しない債務
を特約により賃借人に負わせるという意味において、任意規定による場合
に比し、消費者である賃借人の義務を加重するものに当たるとしている。

②　中心条項問題

　契約条項のうち付随条項や派生的条項が消費者契約法10条の適用対象で
あることは明らかであるとして、契約の目的や価格に関する条項、すなわ
ち、中心条項に対し消費者契約法10条の適用があるか否かについては、適
用肯定説[26]と適用否定説[27]が対立している。

　この問題を本件に当てはめると、契約の価格とは賃貸借契約においては
家賃であるから、更新料の法的性質に関し、前記(3)①の賃料の前払・補充
説を採用すると、更新料もまた契約の価格とされ、更新料条項は中心条項
に該当することとなる。

　本件判決は、この問題に対し直接判断していない。

　しかしながら、更新料の法的性質をどのように解するにせよ、更新料条
項は主たる契約たる賃貸借契約に付随する特約に過ぎないのであるから、
消費者契約法10条の適用対象から排除することは妥当ではないだろう[28]。

③　10条後段要件の適用問題

　消費者契約法10条が規定する、消費者契約の条項を無効とする要件の第
二は、当該条項が信義則に反して消費者の利益を一方的に害するものであ
ることである。

　ここで、その判断基準が問題となるが[29]、本件判決は、１）消費者契約
法の趣旨、目的に照らし、２）当該条項の性質、３）契約が成立するに
至った経緯、４）消費者と事業者との間に存する情報の質及び量並びに交

25　これを受けて、消費者契約法の2016（平成28）年改正により同条に消費者の不作為をもって意思
　表示をしたものとみなす条項が例示として追加されるとともに、「民法、商法その他の法律」が
　「法令」に改められた。

26　潮見佳男『契約法理の現代化』257頁、潮見佳男編『消費者契約法・金融商品販売法と金融取引』
　［松岡久和］85頁、日本弁護士連合会消費者問題対策委員会編『コンメンタール消費者契約法［第
　２版］』188頁。

27　前掲注25山本敬三論文28頁、同山本豊論文62頁、落合前掲書152頁。

28　前掲注14森冨評釈109頁、前掲注６石川論文98頁。

29　落合前掲書151頁は、契約締結当時を基準とし、その時点までの一切の事情、具体的には当事者
　情報、交渉力格差の程度、状況、当該条項の明確性、了知の機会などが考慮されるべきであるとす
　る。

渉力の格差、5）その他諸般の事情を総合考量して判断されるべきである
という判断基準を示した。

　その上で、1）更新料は複合的な性質を有するものであり、更新料の支
払にはおよそ経済的合理性がないということはできないこと、2）一定の
地域において、期間満了の際、賃借人が賃貸人に対し更新料の支払をする
例が少なからず存することは公知であること、3）裁判上の和解手続等に
おいても、更新料条項は公序良俗に反するなどとして、これを当然に無効
とする取扱いがされてこなかったことに鑑み、更新料条項が賃貸借契約書
に一義的かつ具体的に記載され、賃借人と賃貸人との間に更新料の支払に
関する明確な合意が成立している場合に、賃借人と賃貸人との間に、更新
料条項に関する情報の質及び量並びに交渉力について、看過し得ないほど
の格差が存するとみることもできないと判示した[30]。

　そして、賃貸借契約書に一義的かつ具体的に記載された更新料条項は、
更新料の額が賃料の額、賃貸借契約が更新される期間等に照らし高額に過
ぎるなどの特段の事情がない限り、消費者契約法10条にいう「民法第1条
第2項に規定する基本原則に反して消費者の利益を一方的に害するもの」
には当たらないとした。

5．本件判決の意義

(1)　最高裁としての初めての判断

　本件判決は、下級審判決では結論が分かれていた、更新料条項が消費者契
約法10条により無効となるか否かという問題に対し、同日下された他の2件
の判決と共に最高裁として初めて判断を示したものとして、重要な意義を有
する。

　本稿の末尾に紹介した判例評釈の多くは、本件判決の実務に与える影響が
大きいと指摘しているが、実際、本件判決後に提訴された事例は、公刊ベー
スでは見当たらない。不動産賃貸実務の安定化という点では有用な判決で
あったとされるゆえんである[31]。

30　情報・交渉力の格差に関しては、宅建業法による重要事項説明や宅建業者の仲介業務を通じた格
　差の解消ないし縮小の機能・効果をどのように評価すべきかという点が気になるところである。本
　件事案を含む3件はいずれも宅建業者が仲介しているからである。しかし、他の下級審判決を含
　め、裁判においてこの点が主張されたり、検討された経緯はなく、今後の課題である。
31　前掲注6石川論文102頁。

(2) 更新料の有効性基準（その１）

　本件判決は更新料が有効であるための基準を示した。それらは、本件判決の射程でもあるが、その第一として、更新料特約が有効であるためには、「賃貸借契約書に一義的かつ具体的に記載された更新料条項」でなければならないとした。

　したがって、書面によらない合意の有効性の問題は、依然として残されている[32]。

　また、慣行を根拠とする更新料の有効性についても、本件判決の射程外である[33]。

(3) 更新料の有効性基準（その２）

　第二の基準は、更新料の額の相当性である。本件を含む３件の事案はいずれも約定期間１年に対し、月額家賃２か月分相当の更新料が有効とされた。少なくとも、これら事案の地域において更新料の額の相当性は「１年で２か月分」基準で判断することになる[34]。

　また、東日本地域の中で更新料授受割合が高い首都圏では「２年更新で１〜２か月分」が多いとされているが、この基準もまた本件判決の射程として、首都圏内では原則有効と解されよう[35]。

(4) 更新料の有効性基準（その３）

　第三の基準は、特段の事情の有無である。特段の事情がない更新料の場合、第一・第二の基準を満たせば有効性が認められる。

(5) 残された課題：特段の事情

　本件判決は、更新料の有効性が認められない特段の事情の例示として、更

32　仮に、本件判決が口頭による合意は無効であることまで含意するならば、契約の自由の原則のうち方式の自由に関する重要な修正法理を示したことになる。

33　借地についてであるが、昭和51年10月１日最高裁二小判決判例時報835号63頁は、法定更新に際し、賃貸人の請求があれば当然に賃貸人に対する賃借人の更新料支払義務が生ずる旨の商慣習又は事実たる慣習は存在しない旨を判示する。

34　ただし、（**表―1**）に示すようにA事案は家賃に共益費が含まれているのに対し、B事案は賃料と共益費が区別されている。本件事案は判決文からは明らかではないが、共益費込みであろう。そうすると、純賃料と共益費込み賃料を同列に扱い、その数か月分と更新料の額を比較することは、やや乱暴な議論と言えよう。

35　前掲注６石川論文102頁。

新料の額が賃料の額、賃貸借契約が更新される期間等に照らし高額に過ぎることを挙げたが、その具体的な水準は明らかにされていないので、その限界を明らかにすることが今後の課題である。

また、更新料の額の水準以外に特段の事情に該当するものは何かという問題も残されている。

(6) 残された課題：全部無効か一部無効か

さらに、特段の事情に該当して有効性が認められない場合の更新料特約は、消費者契約法10条に抵触する部分だけが一部無効になるのか[36]、それとも全部無効なのか[37]という問題がある。

この問題については、学説が分かれている一方で、裁判例の蓄積がないので、これもまた今後の課題である。

6．宅地建物取引業者・賃貸住宅管理業者としての留意点

本件判決により更新料特約をめぐる法的諸問題のうち最高裁が判示した事項については、いわば決着がついた。

ただし、5．(2)と(4)で示した有効性基準を個別の事例に当てはめた際に結論が異なる場合が生じるのは当然である。宅地建物取引業者として、一律的・形式的な判断で望んではならないだろう。

また、5．(5)と(6)と示したような課題も残されていることに留意して実務に当たることが必要である。

そもそも、更新料の個別具体的な根拠は賃貸人と賃借人との間の特約に求めるほかはないところ、更新料をめぐる紛争の最大の原因は、その特約が成立しているか否かが曖昧な点にある。それはすなわち、賃貸人側（媒介した宅建業者を含む。）がきちんと説明したのかという点と、賃借人が真に合意したのかという点の曖昧さである。これらの点に関し、更新料特約の一方当事者が賃貸人であるとしても、実務において処理を担当するのは宅建業者であるのが通例であるから、賃借人が正確に理解できるような説明を行うことと、賃借人が特約に対し真に合意したか否かの確認を常に怠らないことが肝要である。

36　山本豊『不当条項規制と自己責任・契約正義』138頁以下、安永正昭「保険契約の解釈と約款規制」商事法務1330号25頁以下。

37　山本敬三「不当条項に対する内容規制とその効果」民研507号20頁以下、河上正二『約款規制の法理』374頁以下。

　さらに、消費者契約法上は事業者とされる賃貸人の中には、賃貸不動産の相続人やいわゆる個人投資家など不動産取引に精通していない者が少なくないのが現実である。こうした個人賃貸人を顧客とする宅建業者や賃貸住宅管理業者としては、彼ら個人大家が賃貸人として必要な知識を身に着けるよう支援する役割も求められていると言えよう。

7．本件判決に関する評釈

- ・森冨義明『最高裁判所判例解説民事篇（平成23年度）』544頁
- ・同『法曹時報』66巻 3 号194頁
- ・同『ジュリスト』1441号106頁［最高裁時の判例］
- ・磯村保『ジュリスト臨時増刊』1440号66頁（平23年重要判例解説）
- ・岩田合同法律事務所『新商事判例便覧 2982号』旬刊商事法務1945号
- ・田中壮太『NBL』961号71頁
- ・長谷川慧＝児島幸良『NBL』958号 6 頁
- ・後藤巻則『判例時報』2157号148頁
- ・佐久間毅『金融法務事情』1963号50頁
- ・大澤彩『ジュリスト別冊』238号128頁（民法判例百選Ⅱ 債権 第 8 版）
- ・同『法学教室別冊』377号21頁（付録・判例セレクト2011.Ⅰ）
- ・幡野弘樹『法学協会雑誌』130巻 2 号543頁
- ・桑岡和久『民商法雑誌』146巻 1 号92頁
- ・角田美穂子『民事判例』 5 号124頁
- ・藤田典子『阪大法学（大阪大学大学院）』63巻 2 号343頁
- ・鈴木恵『国民生活研究』53巻 1 号 1 頁
- ・田中志津子『桃山法学』20・21号473頁
- ・三枝健治『現代消費者法』13号303頁
- ・松本恒雄『判例リマークス』46号34頁
- ・中田英幸『駒澤法学』12巻 1 号112頁
- ・山里盛文『明治学院大学法律科学研究所年報』28号345頁
- ・木崎安和『熊本ロー・ジャーナル』 7 号 3 頁
- ・平尾嘉晃『自由と正義』63巻 7 号35頁
- ・同『法学セミナー』685号36頁
- ・河津博史『銀行法務』21＝736号70頁、同742号135頁

・内藤卓『月刊登記情報』51巻10号55頁
・辰巳裕規『消費者情報』425号29頁
・増田尚『週刊法律新聞』1910号3頁
・黒田直行『JA金融法務』485号48頁
・井上治『ビジネス法務』11巻11号96頁
・長野浩三『市民と法』72号34頁
・片山良廣『公証法学』42号91頁
・鳥谷部茂『消費者法ニュース』95号111頁
・石川信『白鷗法学』20巻1号67頁
・上原由起夫『成蹊法学』80号196頁
・山里盛文『日本不動産学会誌』31巻2号93頁

賃借人の変更と賃貸借契約に基づく違約金債務の承継
（平成29年12月19日最高裁第三小法廷決定）

///////// 決定のポイント //////////

賃借人が契約当事者を実質的に変更したときは賃貸人は違約金を請求することができる特約のある賃貸借契約において、当該賃借人が吸収分割後の後は責任を負わないものとする吸収分割により契約当事者の地位を承継させた場合に、当該賃借人が吸収分割がされたことを理由として特約に基づく違約金債権に係る債務を負わないと主張することが信義則に反し許されないとされたこと。

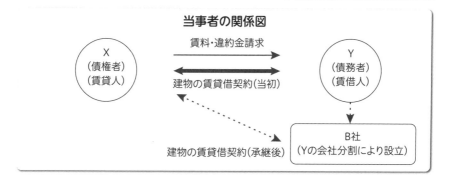

当事者の関係図

1．事案の概要

❶Xは、学校用品、書籍、教材、教具の販売等を目的とする株式会社で、A生活協同組合の子会社であり、Yは、土木建築請負業等を目的とする株式会社である。

❷XとYは、平成24年5月16日、次のような約定の下で建物賃貸借契約（以下「本件契約」という。）を締結した。

　ア　Xは、X及びA生活協同組合が所有する土地上にYの設計・仕様に基づく建物（以下「本件建物」という。）を建設し、これをYが運営する有料老人ホーム及びその付帯施設として使用させるため、期間を引渡日から20年間、賃料を月額499万円で毎月末日翌月分支払として、Yに賃貸する。

イ　賃料は、Yの申出により当初の5年間減額し、5年経過後以降は減額しない。

ウ　Yは、本件契約に基づくYの権利（敷金返還請求権を含む。）の全部又は一部を第三者に譲渡等をしたり、Xの文書による承諾を得た場合を除き本件建物の全部又は一部を第三者に転貸又は継続的に占有使用させ、もしくは占有名義を変更するなどしてはならない。

エ　X及びYは、代表者、法人の名称、店名又は定款の変更があったとき、資本構成に重大な変更があったとき等には、遅滞なく文書をもってそのYに届けなければならず、この届出の内容が実質的に契約主体の変更となる場合には、Xは本件契約を解除することができる。

オ　本件建物は、設計・仕様が老人ホーム用であり、他に転用することが困難であり、Xは賃貸借期間が20年継続することを前提に投資していることから、Yは、原則として、本件契約を中途解約することができない。

カ　Xは、Yが賃料の支払を2か月以上延滞したとき、Yにおいて実質的に契約の主体の変更となるとき等には、催告しないで本件契約を解除することができる。

キ　Xが賃貸借開始から15年経過する前にカにより本件契約を解除した場合等には、Yは、Xに対し、満15年に達するまでの期間の残賃料相当額の違約金を直ちに支払う。

❸Xは、平成24年10月1日、Yに対し、本件契約に基づき、本件建物を引き渡し、Yは、同年11月1日、本件建物において、有料老人ホームの運営（以下「本件事業」という。）を開始した。

❹Yは、平成28年4月20日、Xに対し、本件事業の収支が立ち上げから現在までアンバランスな状況が続き、Yの本業を苦しめる事態になっているため、銀行からの強い指導もあり、会社分割という手法により、本件事業をYから切り離さざるを得ず、このままだと本件事業からの撤退を余儀なくされるなどとして、会社分割により本件契約の当事者がYから新会社に変更されることを了承されたい、本件契約の賃料を減額されたい旨申し入れた。

❺YとB社（Yが100パーセント出資して平成28年5月17日に設立。）は、同年5月26日、効力発生日を同年7月1日として、YがB社に本件契約を含む本件事業に関する権利義務を承継させる旨の会社分割（吸収分割）契約を締結し、同年5月27日に官報公告及び日刊新聞紙における公告（Xの異議期間は

１か月）をするなどの手続を経て、効力発生日後の同年７月14日、会社分割の登記をした（以下「本件会社分割」という。）。

❻ Y及びB社は、同年６月21日、Xに対し、メールにより、本件会社分割のためB社を設立したこと等を伝えるとともに、改めて本件契約の賃料の減額を懇願し、その後も、本件契約につき担当者間の折衝が継続された。

❼ Y側は、同年８月31日から、Xに対し、本件契約に基づく賃料の一部のみを支払うようになり、同年11月30日現在で約定金額に比して合計1,450万円の賃料が未払となった。

❽ Xは、同年12月８日、Y及びB社に対し、実質的な契約主体の変更及び２か月以上の賃料滞納があったとして、本件契約を解除する旨の意思表示をし、これらの意思表示は、同月９日、Yらに到達した。

2．第一審決定・第二審決定

⑴ 第一審決定

　第一審は、債権者Xと債務者Yとの間の基本事件に係るXのYに対する建物賃貸借契約に基づく賃料請求権1,450万円及び違約金請求権６億3,930万円の合計６億5,380万円のうち２億円を被保全債権とする平成28年12月19日付け債権仮差押決定（以下「原決定」という。）について、Yが保全異議の申立てをした事案である。

　主たる争点は、１）本件会社分割が本件契約にいう「実質的な契約主体の変更」に該当するか否か、２）Xが本件会社分割及び本件契約の賃料減額を承認して、解除権を喪失したか否か、３）本件契約の効果として、本件会社分割にもかかわらず、本件契約中の解除条項、違約金条項等の適用を受ける契約上の地位がYに残るか否かである。

　争点１）については、一般に賃貸借契約が賃借人の人的物的信用に基礎を置くものであるところ、特に本件契約については、本件建物が本件事業のために建設されたもので他に転用が困難であることを踏まえ、Xが本件建物に対する約６億円の投下資本を確実に回収するために各種条項が設けられていることからすると、本件契約における賃借人の人的物的信用の位置付けは極めて高いということができるから、「実質的な契約主体の変更」該当性の有無は、このような本件契約の特殊性も踏まえ、賃借人の人的物的信用に実質的な変更があったか否かにより判断すべきであるとした。

　そして、吸収分割により賃貸借契約の賃借人の地位が他の会社へ承継される場合は、会社組織自体の変更であって、特段の事情がない限り、人的物的信用に実質的な変更があるものとして「実質的な契約主体の変更」に該当すると解されるところ、本件において、特段の事情は見当たらず、かえって、Yの資本金は5,000万円、B社の資本金は3,250万円（本件会社分割前は100万円）であり、Yの貸借対照表における資産の額は44億円余、負債の額は35億円余、純資産の額は8億5千万円余であり、B社の資産額は100万円、負債額は0円、純資産額は100万円であったところ、本件会社分割により、資産額6,266万4,277円（概算）、負債額397万4,449円（概算）が承継の対象となったにすぎないことからすると、本件会社分割により賃借人の地位がYからB社に承継されたことは、賃借人の人的物的信用に実質的な変更があったということができるから、「実質的な契約主体の変更」に該当するとした。

　争点2）については、Xの担当者が本件契約をB社が承継することに異論を述べずに賃料減額交渉に応じたことをもって、解除権の放棄の趣旨を含む「実質的な契約主体の変更」に対する同意と認めることはできないとした。

　争点3）については、本件事業のほかに転用が困難な本件建物の特殊性に鑑みると、Xが本件建物への投下資本の回収を確実に図るため、Yの信用に着目して、本件契約にXが指摘する各種条項を設けたことは合理性があるものとして理解できるけれども、これらのうち解除条項及び違約金条項は、まさに、その間接的強制力により、事実上、会社分割を阻止する効果を有するものにすぎず、現に本件会社分割がされた以上、Xとしては、自らの債権を保全するためには、まずは会社法789条1項2号所定のXの異議を述べるべきであって、本件契約の効果として、本件会社分割にもかかわらず、本件契約中の解除条項、違約金条項等の適用を受ける契約上の地位のみがYに残ると解することには無理があるといわざるを得ないとした。

　そして、Xが主張する被保全債権を肯認することはできず、基本事件におけるXの申立ては理由がないとして、Xの請求を容認した原決定を取り消した（平成29年2月6日仙台地裁決定、金融・商事判例1537号18頁、ウエストロー・ジャパン）。

(2) 第二審決定

　Xが抗告したところ、第二審は、次のように述べて原決定を取り消し、仙台地方裁判所がした債権仮差押決定のうち、請求債権目録を一部改めて認可した（平成29年3月17日仙台高裁決定、金融・商事判例1537号15頁、ウエストロー・ジャパン）。

　争点1）、2）については、第一審と同様の判断を示した。

　争点3）については、Xは、Yの収入、資産、信用等を調査した上、6億円もの投資をして老人ホームとして使用する本件建物を建設し、Yに賃貸したものであるが、本件事業のほかに本件建物を転用して利用することが困難であることを踏まえ、本件建物に対する投下資本を確実に回収するため、賃貸期間が20年継続することを前提にYの中途解約を禁止する条項やYが実質的な契約主体の変更をしたような場合の無催告解除条項のほか、中途解約の場合の違約金条項を定めたものであるから、YもXの上記意図を十分に理解した上で本件契約を結んだものというべきである。

　そして、本件契約によれば、YがXの同意を得ないまま「実質的な契約主体の変更」を行った場合、Xは、本件契約により無催告解除するとともに、賃貸借の開始日から満15年に達するまでの残賃料相当額である違約金を請求できるところ、Yは、本件会社分割の効力の問題は別として、Yの収入、資産、信用等を基礎とした各種条項が付加された本件契約を締結したことにより、会社分割の場合を含む「実質的な契約主体の変更」をXの同意なしで行うことは許されないという本件契約上の義務を負っていたと認めるのが相当であるとした。

　さらに、会社分割が会社組織に係る包括承継の制度であるとしても、会社法所定の債権者への周知方法は十分なものではなく、知れたる債権者に対する各別の催告（会社法789条2項）を省略する（同条3項、939条1項）ことにより、債権者の異議を述べる機会を困難にすることも可能になるなど、債権者の保護に欠ける面が多々あることからすれば、このような措置に対抗すべく、会社法で認められた異議などの措置のほか、Xが講じたように、事前に債権者の保護に欠ける会社分割等がされる場合に備えて、債権者の利益を守るための特約を結ぶことによって対抗することは契約自由の原則に照らしても許されるというべきであるとした。

3. 最高裁決定

　Yが抗告したところ、最高裁は次のように判示して、棄却した（平成29年12月19日最高裁三小決定、金融・商事判例1551号8頁）。

❶本件契約においては、XとYとの間で、本件建物が他の用途に転用することが困難であること及び本件契約が20年継続することを前提にXが本件建物の建築資金を支出する旨が合意されていたのであり、Xは、長期にわたってYに本件建物を賃貸し、その賃料により本件建物の建築費用を回収することを予定していたと解される。Xが、本件契約において、Yによる賃借権の譲渡等を禁止した上で本件解除条項及び本件違約金条項を設け、Yが契約当事者を実質的に変更した場合に、Yに対して本件違約金債権を請求することができることとしたのは、上記の合意を踏まえて、賃借人の変更による不利益を回避することを意図していたものと解される。そして、Yも、Xの上記のような意図を理解した上で、本件契約を締結したものといえる。

❷しかるに、Yは、本件解除条項に定められた事由に該当する本件会社分割をして、Xの同意のないまま、本件事業に関する権利義務等をB社に承継させた。B社は、本件会社分割前の資本金が100万円であり、本件会社分割によって本件違約金債権の額を大幅に下回る額の資産しかYから承継していない。仮に、本件会社分割の後は、B社のみが本件違約金債権に係る債務を負い、Yは同債務を負わないとすると、本件会社分割によって、Yは、業績不振の本件事業をB社に承継させるとともに同債務を免れるという経済的利益を享受する一方で、Xは、支払能力を欠くことが明らかなB社に対してしか本件違約金債権を請求することができないという著しい不利益を受けることになる。

❸さらに、法は吸収分割会社の債権者を保護するために、債権者の異議の規定を設けているが（会社法789条）、本件違約金債権は、本件会社分割の効力発生後に、Xが本件解除条項に基づき解除の意思表示をすることによって発生するものであるから、Xは、本件違約金債権を有しているとして、Yに対し、本件会社分割について同条1項2号の規定による異議を述べることができたとは解されない。

❹以上によれば、YがXに対し、本件会社分割がされたことを理由に本件違約金債権に係る債務を負わないと主張することは、信義則に反して許されず、

Xは、本件会社分割の後も、Yに対して同債務の履行を請求することができる。

4. 解　説

(1) 会社の分割

会社法は、会社の類型として株式会社、合名会社、合同会社、合資会社の4つを用意しているが、株式会社が最も一般的であり、本件の当事者はいずれも株式会社であるので、以下では株式会社を前提に解説する。

会社の分割とは、会社がその事業に関して有する権利義務の全部又は一部を別の会社に移すための手法の一つである。会社分割の手法には二つあり、その一つは、既存の会社の分割に伴い設立する新会社（設立会社）に既存会社のある事業に関する権利義務の全部又は一部を承継させる手法であり、新設分割という。第二の手法は、既存の会社のある事業に関する権利義務の全部又は一部を分割して、他の既存の会社に承継させるものであり、吸収分割という（会社法2条29号、同条30号）。吸収分割をする会社と、その会社がその事業に関する権利義務の全部又は一部を承継する会社との間で締結される吸収分割契約の定めに従い、後者が前者の権利義務を承継する（会社法757条、759条1項、761条1項）。本件は第二の手法が用いられたケースである。

（図）　吸収分割のイメージ

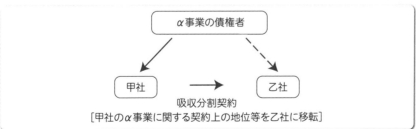

(2) 会社分割と債権者との関係

会社分割は、債権者の同意を得ることなく、契約上の地位等を分割後承継会社・設立会社に移転することができるなどの点で、経営上の困難を有する企業の再編のために有用な制度である。ただし、会社分割の内容によって

は、次のように債権者にとって不利な状況がもたらされおそれもある。

❶優良な資産や事業を移転することにより、残存する分割会社の債権者（残存債権者）を害する場合

❷不採算事業を移転することにより、その事業に関する債権者が、残存する分割会社に対して債務の履行を請求することができない場合

❶に関しては、会社法は残存債権者保護規定を置いている（会社法759条4項）[1]。また、判例は、優良な資産や事業を分割会社から移転し、残存債権者を害する会社分割の事案に関して残存債権者が詐害行為取消権を行使することを認めている（平成24年10月12日最高裁二小判決民集66巻10号3311頁、金融・商事判例1417号16頁）。

❷が本件事案に該当するケースであるが、会社法は、会社分割後に分割会社（上記（図）の甲社）に対して債務の履行を請求することができない債権者は、一定の期間内に異議を述べた場合、分割会社から弁済、担保の提供又は信託という保護を受けられる旨の規定を置いている（会社法789条）。

しかしながら、本件事案において問題となっている本件違約金債権は、会社分割前に成立していたものではなく、本件会社分割の効力が発生して賃借人の地位がYからB社に承継された後に、Xが解除権を行使することにより発生するものであるから、上記条文の定める期間内にXが異議を述べることができたかは問題である。

本件事案においていずれの裁判所も、本件違約金債務の請求を受ける地位を含む本件契約上の地位が、本件会社分割によりYからB社に承継されたことを前提としている。その上で、前記2．で記したように、第一審と第二審は争点1）、2）、3）について判断を示し、前記3．で記したように、最高裁は3）について3つの点を挙げて判断した。以下では、これらの点について考察する。

(3) 本件契約締結の事情

本件建物は、Yの老人ホーム事業のために建築され、その建築資金はXが負担した。賃貸人たるXとしては、本件建物の賃料が建築資金の唯一の回収

---

1 この条項は、吸収分割会社が吸収分割承継株式会社に承継されない債務の債権者（残存債権者）を害することを知って吸収分割をした場合には、残存債権者は、吸収分割承継株式会社に対して、承継した財産の価額を限度として、当該債務の履行を請求することができる旨を規定する。

原資であり、その確実な収受が絶対不可欠である。また、回収期間中に賃借人が交代することを考えると、新たな賃借人としては老人ホーム事業を営む者を探索するか、他の用途に変更する資金を負担することを了解する者を探索しなければならないという、一般の賃貸物件と比べて極めて困難な条件下に置かれている[2]。

そうすると、賃貸人Xの立場では、賃借人を当初の者に固定して変更を認めないこととするとともに、契約期間を建築資金の回収期間より長期にわたって設定することを、本件建物の賃貸借契約の内容とすることが不可欠であり、かつ、合理的な判断であると言える。そして、賃借人Yはこうした事情を理解して本件契約を締結したと解される。

そこで、本件契約において、XとYの合意としてYによる賃借権の譲渡等を禁止した上で解除条項及び違約金条項を設け、Yが契約当事者を実質的に変更した場合に、XがYに対して違約金を請求することができることとしたものである。

しかしながら、Yが、自ら本件解除条項に該当する本件会社分割をしておきながら、これにより生じた本件違約金債権については、会社分割後に責任を負わないとする本件会社分割契約の定めに従い免れることができるとすれば、Xの信頼を害することは明らかであり、これが信義則違反の判断に当たって考慮された事情の一つであると言える[3]。

⑷ 分割会社と承継会社の資力

2.⑴で記したように、B社は、本件会社分割の前においても十分な資力を有しておらず、分割後も本件違約金債務の額（6億円超）をはるかに下回る額の資産の移転しか受けていない。また、本件会社分割の翌月からB社は賃料の未払いを発生させている。

そうすると、B社のみが本件違約金債務の責めを負うことになれば、Yは、業績不振の本件事業を自社の事業から切り離すことができると同時に、本件違約金債務を免れることにより大きな経済的利益を受ける一方で、X

---

[2] 賃貸人としての事業リスクが加重されているとも言える。

[3] 本件決定に関する評釈である金融・商事判例「重要判例紹介」1551号10頁、判例時報2387号131頁は、会社分割に備えて契約の条項を工夫することにより債権者が対応する余地があるとした場合、そのような手段を尽くさなかった債権者を救済する必要はないとの見解があり得ることを指摘しているが、不動産事業を主要な業種とするわけでもなく、また、本件事案のような賃貸借契約について知識と経験を積んでいるわけでもないXに対してそこまで求めるのは酷であろう。

は、支払い能力に欠けるB社に対してしか本件違約金債権を請求できないという著しい不利益を被っている。

このような両者の利益・不利益の著しい不均衡も信義則違反の判断に当たって考慮された事情の一つであると言える[4]。

(5) 会社法789条による異議

(2)で説明したとおり、会社分割後に分割会社に対して債務の履行を請求することができない債権者は、一定の期間内に異議を述べた場合、分割会社から弁済、担保の提供又は信託という保護を受けられるが（会社法789条）、本件違約金債権のような将来発生する内容の債権に基づき同条による異議申立てが可能かという点について学説は否定的である[5]。

特に、本件においては、会社分割の効力が発生して本件契約上の賃借人の地位がYからB社に移転した後に、Xが本件解除条項に基づき本件契約を解除する意思表示をすることにより発生することになっているのであるから、(3)で説明した本件契約の性質や成立事情も踏まえると、本件会社分割に関する情報に接したXが会社法789条の規定による一定の期間内に異議を述べることができたと解する余地はないであろう[6]。

(6) オーダーメイド賃貸

本件事案のように、土地所有者である賃貸人が賃借人の営業に適した建物

---

4 この点につき、吸収分割前の承継会社の資力や吸収分割によって分割会社から承継会社に移転された資産の額などを考慮した結果、承継に係る債権の債権者が吸収分割によって著しい不利益を受けるとまではいえない場合、例えば、承継会社において上記債権に対して引当となる資産の割合が、仮に上記債権を吸収分割の効力発生前に分割会社に請求した場合に分割会社の引当となる資産の割合を下回ることのない場合には、分割会社の吸収分割後責任を負わない旨の主張が信義則に反するとまではいえないとの指摘は妥当であろう（本件決定に関する評釈である金融・商事判例「重要判例紹介」1551号10頁、判例時報2387号131頁参照）。

5 江頭憲治郎『株式会社法［第7版］』705頁、原田晃治「会社分割法制の創設について［中］」商事法務1565号15頁、黒木学「商法100条でいう『シレタル債権者』の範囲等」稲葉威雄ほか編『実務相談株式会社法［新訂版］5巻』188頁。

6 これに対し、分割会社に対して既に履行期が到来した消費貸借契約に基づく債権を有する債権者のように、会社法所定の期間内に吸収分割について異議を述べることができることが明らかな債権者が、上記期間内に異議を述べないまま、吸収分割後責任を負わないものとされている吸収分割の効力発生後に、分割会社に対して当該債務の履行を請求した場合には、当該債権者が異議を述べる機会が分割会社により妨げられたなどの特段の事情のない限り、吸収分割によって当該債務の履行の責めを負わないと分割会社が主張しても、当該主張が信義則に反して許されないとはいえないとの指摘は妥当であろう（本件決定に関する評釈である金融・商事判例「重要判例紹介」1551号11頁、判例時報2387号131頁参照）。

を賃借人の指定する仕様により建築する賃貸借方式をオーダーメイド賃貸あるいは建て貸し契約という[7]。

　長期的・安定的な収益を求める土地所有者のニーズと、初期投資の軽減を求める商業者のニーズが合致して、この方式による契約が普及している。

　他方、この方式は、通常の建物賃貸借と異なり、建物の汎用性を欠くために、賃貸人は他の賃借人に賃貸することに困難を伴うことが多い。また、予定された賃料が契約期間の途中で頻繁に又は大幅に減額された場合に建築費等の投下資本を回収することは難しくなる。換言すれば、この方式による建物賃貸借契約は、建物建築コストが加重されることや、賃借人変更によるリスクが大きいという点で一般の方式に比して賃貸人にとって難易度が高いと言える。建物の不具合、増改築協議の難航、営業不振などの理由から、中途解約の申入れに至るケースも多いと言われている[8]。

　これに対し、居住用建物の賃貸借と異なり、営利を目的とした業務用賃貸借にもっぱら用いられる方式であることから、特約の存在など相当の理由がある場合には、一方的な解除・解約を許容するとともに、同時に金銭により賃貸人の損失を補填することにより、両当事者の利害を経済的に調整することが可能であり、かつ、合理的でもあると言える。

　オーダーメイド賃貸の実績としては、これまで商業店舗において使用されることが多く、裁判例も見られるところである[9]。これに対し、本件事案は老人ホームという福祉用途であり、決定ではあるものの、最高裁まで争われたケースとして特徴的である。

　オーダーメイド賃貸も賃貸借の一類型であることから、借地借家法が適用されることは当然であるが、例えば賃料増減額請求においてオーダーメイド賃貸であることが「総合的に考慮すべき事情」の中でどのように位置付けられるかについては、学説上も判例上も明らかではない[10]。

7　オーダーリースと呼ぶこともある。渡辺晋「［改訂版］建物賃貸借」大成出版社、49頁。
8　オーダーメイド賃貸の中途解約が争われた事例として、中途解約したテナントに違約金の支払を命じた福岡高判平19.7.24判決（判例時報1994号50頁、不動産適正取引推進機構「RETIO」71号96頁）、契約書案に含まれていた中途解約制限条項をあえてはずしたことについて媒介業者に信義則上の説明義務違反があるとした福岡地判平19.4.26判決（判例タイムズ1256号120頁、RETIO70号110頁）がある。
9　スーパーマーケットにおける賃料増減請求の事案に関し、最高裁一小平成17年3月10日判決（裁判集民216号389頁、裁判時報1383号6頁、判例タイムズ1179号185頁、判例時報1894号14頁）があるほか、医療クリニック兼調剤薬局において契約締結上の過失が問題になった東京地判平28.10.25判決（D1/DB29020956）、コンビニエンスストアにおける賃借人の説明義務違反が認められた東京地判平29.9.5判決（2017WLJPCA09058009）などがある。

　この点、本件決定は会社法の適用に関するものであるが、オーダーメイド賃貸であることが信義則違反の有無を判断するに当たり考慮されている点に留意する必要があろう。

5．本件決定の意義

(1)　債権者を害する吸収分割における債務の帰趨

　本件決定は、分割会社の債権者を害する意図をもって行われた吸収分割に関し、会社法の規定が対象としていないケースについて、吸収分割後、承継会社のみが責任を負い、分割会社は責任を負わないとの主張は、信義則に反して許されないと最高裁が判断した点で意義を有する。

　すなわち、吸収分割を理由として、違約金債務について吸収分割後は責任を負わないとの主張が信義則に反して許されないとの判断が、一般的・抽象的な法理ではなく、具体的事実関係を前提とした事例判断として示されたものである。

(2)　本件決定の射程

　ただし、最高裁の判断は、本件契約がオーダーメイド賃貸であること、承継会社の資産と債務の著しい不均衡、会社法の規定を適用し難いことという本件事案の個別具体的事情を理由として信義則違反を認定したものであり、会社法が規定する債権者保護の範囲外の事案に対し、広く適用される判断基準を示したものとまでは言い難い[11]。

(3)　オーダーメイド賃貸

　前記解説４．(6)で述べたように、オーダーメイド賃貸物件に関する裁判例は少なからず存在し、最高裁判決も出されているが、オーダーメイド賃貸借契約であるという事情が判断に当たり考慮されたものは最高裁レベルではなかった。

　その意味で、会社法の適用に関するものであるとは言え、オーダーメイド

10　前掲注８の最高裁判決は賃料の減額が問題となった事案であるが、オーダーメイド賃貸であること自体は争点になっていない。

11　今後、吸収分割後、分割会社から責任を負わないとの主張がされた場合に、信義則違反に当たり許されないものであるかは、当該事案の個別的な事情の下で具体的に判断される（本件決定に関する評釈である金融・商事判例「重要判例紹介」1551号10頁、判例時報2387号130頁参照）。

賃貸借契約であることを判断の考慮事情としたという点に本件決定の意義を
見出すことができる。

6．宅地建物取引業者としての留意点

　契約の内容は、あくまでも契約当事者が決定するものであり、オーダーメイ
ド賃貸においても、その具体的内容は契約当事者の意思に委ねられる。

　しかしながら、脚注 8 で紹介した下級審判決からも窺えるように、オーダー
メイド賃貸の特徴、特に契約リスクについては媒介業者としても十分に留意す
べきである。

　すなわち、媒介業者には、オーダーメイド賃貸であることに伴う契約リスク
について積極的・具体的な説明責任が求められる。特に、賃貸人たる土地所有
者がオーダーメイド賃貸に関する知識や経験を十分に有していない場合、それ
を補完する役割が求められると言える。

7．本件決定に関する評釈

・金融・商事判例「重要判例紹介」1551号 8 〜12頁
・判例時報2387号129〜133頁
・松本展幸、法曹時報第71巻第 8 号159頁
・松本展幸「最高裁時の判例」ジュリスト1527号107頁
・徳本穰「吸収分割における承継債権者と信義則による保護」増刊ジュリスト
　平成30年度重要判例解説1531号107頁
・北村雅史、民商法雑誌155巻 4 号776頁
・飯田秀総「【判例セレクト Monthly】商法・会社分割における債権者保護と
　信義則」法学教室451号139頁
・Westlaw Japan 新判例解説第1165号、文献番号 2017WLJCC141
・岡田陽介「吸収分割における債権者保護と信義則」法律論叢第92巻第 1 号
　181頁
・尾形祥「吸収分割による賃借人の地位の変更と信義則による賃貸人の保護」
　金融・商事判例1572号 2 頁

賃料増減額確認請求訴訟の確定判決の既判力
（平成26年 9 月25日最高裁第一小法廷判決）

判決のポイント

賃料増減額確認請求訴訟の確定判決の既判力は、原告が特定の期間の賃料額について確認を求めていると認められる特段の事情のない限り、前提である賃料増減請求の効果が生じた時点の賃料額に係る判断について生ずると解するのが相当であるとされ、訴訟の口頭弁論終結時までの間に別途の賃料増減額確認訴訟を提起することが許されるとされたこと。

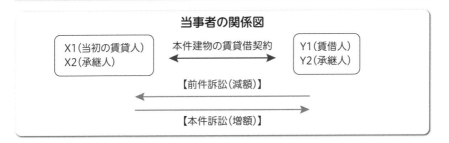

当事者の関係図

X1（当初の賃貸人）
X2（承継人）

本件建物の賃貸借契約

Y1（賃借人）
Y2（承継人）

【前件訴訟（減額）】

【本件訴訟（増額）】

1．事案の概要

　本件は、建物の賃貸人であるＸ１（原告・被控訴人・上告人）が、賃借人であるＹ１（被告・控訴人・被上告人）に対し、借地借家法第32条第１項に基づく賃料増額請求をした上、増額された賃料額の確認等を求めた事案である。なお、訴訟係属中にＸ２がＸ１の地位を承継し、引受人として当事者となった。また、Ｙ１は控訴審の口頭弁論終結後にＹ２により吸収合併され、Ｙ２が本件訴訟の手続きを承継した。

　Ｙ１は昭和48年10月16日、本件建物について、当時の所有者であるＡとの間で、期間を昭和49年１月１日から20年間、賃料（以下「本件賃料」という。）を月額60万円とする賃貸借契約（以下「本件賃貸借契約」という。）を締結した。

　その後、賃貸人の地位がＡから転々移転し、平成６年時点ではＸ１が賃貸人となっていた。また、本件賃料は改定が繰り返され、平成６年１月１日以降の

本件賃料は月額300万円とされていた。

　Ｙ１は、平成16年３月29日に本件賃料を平成16年４月１日以降月額240万円に減額する旨の意思表示をした上、本訴として、同日以降の本件賃料が同額であることの確認等を求める訴訟を提起した（以下、この平成16年４月１日の時点を「基準時１」という。）。これに対し、Ｘ１は、平成17年８月１日以降の本件賃料を月額320万2,200円に増額する旨の意思表示をした上（以下、この平成17年８月１日の時点を「基準時２」という。）、反訴として、同日以降の本件賃料が同額であることの確認等を求めた（以下「前件訴訟」という。）。

　そして、Ｘ１は、前件訴訟の第１審係属中の平成19年６月30日に、平成19年７月１日以降の本件賃料を月額360万円に増額する旨の意思表示（以下「本件賃料増額請求」という。）をした（以下、この平成19年６月30日の時点を「基準時３」という。）。

　これに対し、Ｙ１は、本件賃料増額請求により増額された本件賃料の額の確認請求を前件訴訟の審理判断の対象とすることは、その訴訟手続きを著しく遅滞させることとなるとして、裁判所の訴訟指揮により、Ｘ１が、前件訴訟における反訴の提起ではなく、別途の提訴によって上記確認訴訟を行うよう促すことを求める旨を記載した上申書を裁判所に提出した。

　その後、Ｘ１は、前件訴訟において、本件賃料増額請求により増額された本件賃料の額の確認請求を追加することはなかった。

　そして、前件訴訟の第１審は、本訴につき、本件賃料が平成16年４月１日以降月額254万5,400円である旨を確認する一方、反訴については請求を棄却する旨の判決をし、この判決に対するＸ１の控訴が棄却され、上記判決は確定した（以下、この確定判決を「前訴判決」という。）。

　平成21年６月24日、Ｘ１は、Ｙ１に対し、基準時３における本件賃料増額請求により増額された本件賃料の額の確認を求める訴訟を提起した。そして、Ｘ２（被控訴人・上告人）が平成23年４月28日にＸ１から本件賃貸借契約の賃貸人の地位を承継した。

　本件の当事者の請求と訴訟の関係を時系列で示したのが（図―１）である。

（図－1） 本件の当事者の請求と訴訟の時系列関係

a：直近の合意賃料

b：基準時1：Y1の減額請求

c：基準時2：X1の増額請求（bに係る反訴：前件反訴）

d：bとcに係る判決の確定日（前訴判決）

e：基準時3：X1の増額請求（本件判決の訴訟物）

① Y1が提起したbに係る賃料減額確認訴訟（前件訴訟）

② X1が提起したeに係る賃料増額確認訴訟（本件訴訟）

2．第一審判決・控訴審判決

⑴ 第一審判決

　　第1審では、本件賃料増額請求と前訴判決の既判力との関係は特に問題と
されることはなく、X1の請求が一部認容された（平成23年6月27日東京地
裁判決、ウェストロージャパン）。

　　その判決要旨は、次の通りである。

❶建物の借賃の増減額請求権は、一定の時点以降の借賃について貸主又は借
　主の意思表示により増減額の効果が生じる私法上の形成権であり、その増
　減額の確認請求訴訟は、一定の時点における借賃の増減額にかかるこの形
　成権行使が借家法ないし借地借家法所定の要件を満たし認められるか否か
　及びこれが認められた場合にはその形成権が行使された一定の時点以降に
　おける相当賃料額を審判対象とする訴訟である。そうすると、建物の借賃
　の増減額訴訟の請求棄却判決の既判力は、形成権としての建物の借賃の増
　減額請求権の効果が、一定の時点において発生していないことについて及
　ぶことになる。これを本件に照らしてみると、前訴反訴の請求棄却の判決
　が確定したことで、原告による借賃の増額請求権の効果が基準時2の時点

69

において発生していないことについて既判力が生じ、原被告間においては
この事実が公権的に確定していることになる。そうだとすれば、上記の結
果、この時点における本件賃貸借契約の賃料は基準時1の時点と同じ額で
あることが公権的に確定されているというべきである。したがって、本件
における従前賃料の最終合意時点は、基準時2である。

❷ 差額配分法、スライド法、利回り法、賃貸事例比較法を75％、10％、
10％、5％で加重平均して平成19年7月1日（基準時3）以降の適正賃料
額を月額283万9,000円であることを確認するなどし、請求を一部認容し
た。

(2) 控訴審判決

これに対し、Y1が控訴し、控訴理由書において、本件訴訟で本件賃料増
額請求に基づく主張をすることは、前訴判決の既判力に抵触し許されない旨
の主張をするようになった。

原審は、このY1の主張を容れ、次のように判断し、X1及びX2の請求
を棄却した（平成25年4月11日東京高裁判決、民集68巻7号714頁）。

賃料増減額確認訴訟における賃料額の確認請求は、継続的な法律関係であ
る賃貸借契約の要素である賃料額の確認を求める請求であるから、その訴訟
物は、当事者が請求の趣旨において特に期間を限定しない限り、形成権であ
る賃料増減額請求権の行使により賃料が増額又は減額されたとする日から事
実審の口頭弁論終結時までの期間の賃料額であると解される。本件では、本
件建物の賃料が平成16年4月1日（基準時1）から平成20年10月9日（前訴
控訴審の口頭弁論終結時）まで月額254万5,400円であるという当事者間の法
律関係が確定判決により確認され、その判決には既判力があることになる。
そうすると、X1及びX2が本件訴訟において主張する基準時3の時点にお
ける賃料増額請求権行使の事実は、前訴における事実審の口頭弁論終結時よ
り以前に生じた事由であり、本件訴訟において、X1及びX2が、同請求権
の行使によって本件建物の賃料が基準時3の時点以降において増額された旨
主張することは、前訴においてその主張をしていたか否かにかかわらず、前
訴の判断内容と矛盾するものであり、前訴の既判力によって許されない。

3．最高裁判決

　これに対し、Ｘ１及びＸ２が上告受理の申立てをしたところ、第一小法廷は、賃料増減額確認請求訴訟の確定判決の既判力に係る論旨について上告を受理し、下記の通り判示して、原判決を破棄し、事件を原審に差し戻した（最高裁一小平成26年９月25日判決、民集68巻７号661頁、判例タイムズ1407号69頁、判例時報2238号14頁、金融法務事情2020号73頁）。

(1)　借地借家法32条１項所定の賃料増減請求権は形成権であり、その要件を満たす権利の行使がされると当然に効果が生ずるが、その効果は、将来に向かって、増減請求の範囲内かつ客観的に相当な額について生ずるものである（最高裁昭和32年９月３日第三小法廷判決・民集11巻９号1467頁）。また、この効果は、賃料増減請求があって初めて生ずるものであるから、賃料増減請求により増減された賃料額の確認を求める訴訟（以下「賃料増減額確認請求訴訟」という。）の係属中に賃料増減を相当とする事由が生じたとしても、新たな賃料増減請求がされない限り、上記事由に基づく賃料の増減が生ずることはない（最高裁昭和44年４月15日第三小法廷判決・集民95号97頁）。さらに、賃料増減額確認請求訴訟においては、その前提である賃料増減請求の当否及び相当賃料額について審理判断がされることとなり、これらを審理判断するに当たっては、賃貸借契約の当事者が現実に合意した賃料のうち直近のもの（直近の賃料の変動が賃料増減請求による場合にはそれによる賃料）を基にして、その合意等がされた日から当該賃料増減額確認請求訴訟に係る賃料増減請求の日までの間の経済事情の変動等を総合的に考慮すべきものである（最高裁平成20年２月29日第二小法廷判決・集民227号383頁）。したがって、賃料増減額確認請求訴訟においては、その前提である賃料増減請求の効果が生ずる時点より後の事情は、新たな賃料増減請求がされるといった特段の事情のない限り、直接的には結論に影響する余地はないものといえる。

　　また、賃貸借契約は継続的な法律関係であり、賃料増減請求により増減された時点の賃料が法的に確定されれば、その後新たな賃料増減請求がされるなどの特段の事情がない限り、当該賃料の支払につき任意の履行が期待されるのが通常であるといえるから、上記の確定により、当事者間における賃料に係る紛争の直接かつ抜本的解決が図られるものといえる。そう

すると、賃料増減額確認請求訴訟の請求の趣旨において、通常、特定の時点からの賃料額の確認を求めるものとされているのは、その前提である賃料増減請求の効果が生じたとする時点を特定する趣旨に止まると解され、終期が示されていないにもかかわらず、特定の期間の賃料額の確認を求める趣旨と解すべき必然性は認め難い。

　　　以上の事情に照らせば、賃料増減額確認請求訴訟の確定判決の既判力は、原告が特定の期間の賃料額について確認を求めていると認められる特段の事情のない限り、前提である賃料増減請求の効果が生じた時点の賃料額に係る判断について生ずると解するのが相当である。

(2)　前件本訴及び前件反訴とも、請求の趣旨において賃料額の確認を求める期間の特定はなく、前訴判決の前件本訴の請求認容部分においても同様であり、前件訴訟の訴訟経過をも考慮すれば、前件訴訟につきＹ１及びＸ１が特定の期間の賃料額について確認を求めていたとみるべき特段の事情はないといえる。

　　　そうであれば、前訴判決の既判力は、基準時１及び基準時２の各賃料額に係る判断について生じているにすぎないから、本件訴訟において本件賃料増額請求により基準時３において本件賃料が増額された旨を主張することは、前訴判決の既判力に抵触するものではない。

(3)　金築誠志裁判官の補足意見が付されているが、その主要な内容は後記解説の中で紹介する。

4．解　説

(1)　訴訟物と既判力

①　訴訟物

　　　訴訟物は、民事訴訟における概念であり、広義には、訴訟上の請求と同義に用いられるが、狭義には、裁判所がその存否を審理・判断すべき権利ないし法律関係（例外的に事実も含まれる。）をいう。訴訟を提起する原告が相手方である被告に対し何を求めるか、換言すれば、裁判所に何を判断してもらいたいかは、もっぱら原告自身が決めるものであるから、極論すれば、訴訟物は原告が決めることになる。

　　　訴訟物を議論する必要性ないし意義は、原告の請求に対する裁判所の判断の射程がどの程度にまで及ぶのかを確定するためには、原告の請求の内

容である訴訟物を特定しなければならない点にある。そして、訴訟物は次に述べる既判力と密接な関係を有する。

② **既判力**

既判力とは、確定判決が有する効力の一つであり、前の裁判における確定判決の判断内容が後の裁判に対する拘束力を持つことをいう。つまり、前の裁判において目的とされた事項（訴訟物）に対する確定判決で示された判断につき、当事者は後の裁判で争うことができず、また、別の裁判所も前の裁判の判断内容に拘束されるという効力である。

一般的に、既判力の客観的範囲は、当該訴訟の訴訟物によって確定されるものとされている。

(2) **賃料増減額請求権の法的性質**

借地借家法は、建物所有を目的とする地上権及び土地賃借権については第11条第1項が、建物賃借権については第32条第1項が、それぞれ一定の要件の下に当事者に賃料の増減額請求権を認めている[1]。

この賃料増減額請求権の法的性質について、通説・判例は実体法上の形成権であり、一方当事者から他方当事者への意思表示により行使され、その意思表示の到達により効力が生じると解されている[2]。

したがって、賃料の増減の範囲について当事者間に争いがある場合は、その相当額は、調停前置主義を前提に、裁判所の判決により定められることになるが、これは既に増減額請求によって客観的に定まった増減の範囲を確認するものに過ぎないとされる[3]。

また、賃料増減の効果は、賃料増減請求があって初めて生じるものであるため、賃料増減額確認請求訴訟の係属中に賃料増減を相当とする事由が発生

1　稲田龍樹「賃料増減額訴訟」藤田耕三・小川英明編『不動産訴訟の実務（七訂版）』新日本法規、2010年、711頁、高橋隆「家賃の増額請求」塩崎勤編『裁判実務体系⑾』青林書院、1987年、252頁。

2　判例については、本稿3．(1)の本件最高裁判決とそこに示された判例を参照。学説としては、稲本洋之助・澤野順彦編『コンメンタール借地借家法』日本評論社、2019年、93頁、273頁、平澤雄二「賃料額の確認を求める訴―その訴の利益と機能的側面からの一考察―」判例タイムズ363号50頁、幾代通・広中俊雄編『新版注釈民法⒂ 債権(6) 増補版』有斐閣、1996年、648～649頁、稲葉威雄ほか編『新借地借家法講座第3巻借家編』日本評論社、1999年、92頁。

3　賃料増減額請求権は形成権で、賃料増減請求の意思表示が相手方に到達した時点で直ちに実体的な効力が生じ、裁判所が後に相当賃料額を定めるのは、上記意思表示により客観的に定まった賃料増減の範囲を確認するものであると判示するものとして最三小判昭和32年9月3日・民集11巻9号1467頁等参照。

したとしても、新たな賃料増減請求がされない限り、同事由による賃料の増減が生じることはない[4]。

(3) 賃料増減請求に関する訴訟の類型

賃料増減請求に関する訴訟の類型としては、①上述した賃料額請求権を行使した結果、契約内容としての賃料額の確認を求める賃料額確認訴訟、②増額後の未払い賃料債権の確認を求める賃料債権確認訴訟、③増額後の未払い賃料の給付を求める賃料請求訴訟の三つがある[5]。

これらの訴訟において賃料増減の相当額あるいは適正賃料額を判断するに当たっては、直近の合意賃料を基にして、合意時から賃料増減請求時までの経済事情の変動等を考慮すべきものとされる[6]。

本件訴訟において基準時が複数出て来て、どの基準日によるべきかという点も論点の一つになっているが、それは、直近の合意賃料を画定する上で「直近」がいつかを示す日だからである。

---

4 賃料増減額確認請求訴訟の係属中に賃料増減を相当とする事由が生じたとしても、新たな賃料増減請求がされない限り、同事由による賃料の増減が生ずることはないとする学説として、星野英一『借地・借家法』有斐閣、昭和44年243頁等を参照。下級審裁判例には反対説もあるが、判例は、大審院以来一貫して新たな増減請求が必要であるとしている。本判決が引用するもののほか、大審院昭和17年4月30日判決・民集21巻472頁、最高裁昭和44年4月15日判決・集民95号97頁、最高裁昭和52年2月22日判決・集民120号107頁、最高裁二小平成3年11月29日判決・集民163号627頁など。

5 大阪高裁昭和49年12月16日判決、判例時報778号69頁。

6 賃料額の相当性ないし相当賃料額については、借地借家法第32条第1項所定の事由のほか諸般の事情を総合的に考慮すべきであるとされている(最三小判平成15年10月21日・民集57巻9号1213頁、判タ1140号68頁、最一小判平成17年3月10日・集民216号389頁、判タ1179号185頁、最二小判平成20年2月29日・集民227号383頁など)。

（図―2）　増減額請求と判決の関係イメージ（増額請求の場合）

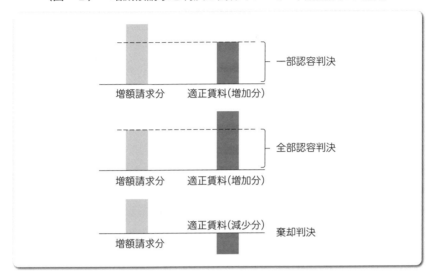

(4)　賃料増減額確認請求訴訟の訴訟物と既判力

　　本件判決が出されるまで、賃料増減額確認請求訴訟の訴訟物ないし既判力について、下級審判決では二つの考え方が採用されていた。

　　まず、賃料増減額請求訴訟における賃料額の確認請求は、継続的な法律関係である賃貸借契約の要素である賃料額の確認を求める請求であるから、その訴訟物は、当事者が請求の趣旨において特に期間を限定しない限り、形成権である賃料増減額請求権の行使により賃料が増額又は減額されたとする日から事実審の口頭弁論終結時までの期間の賃料額であると解する考え方である。これを「期間説」と呼ぶ。下級審裁判例の中には、期間説を採用する判決がある[7]。また、学説にも期間説を支持するものがある[8]。

　　これに対し、賃料増減額請求訴訟における訴訟物は、賃料増減請求の効果

---

[7]　大阪高裁昭和49年12月16日判決・判例時報778号69頁。ただし、この事案は国家賠償請求訴訟であり、通常の賃料増減額請求の事案としてはかなり特殊である。

[8]　畑郁夫『民商法雑誌』74巻1号166頁は、前掲注の大阪高裁判決の評釈において、訴訟当事者の意思は、賃料増額請求時から事実審口頭弁論終結時までの賃料額の確認を求めるのが通常であり、期間説のように考えることが継続的な法律関係の確認を求めるという特殊性を有するこの種訴訟の実態に則するとして、期間説が相当であるとするほか、廣谷章雄編著『借地借家訴訟の実務』254頁（森鍵一執筆部分）平成23年、藤田耕三＝小川英明編『不動産訴訟の実務〔七訂版〕』725頁（稲田龍樹執筆部分）平成22年などが期間説を述べる。

が生じた時点の賃料額の相当性ないし相当賃料額であるとする考え方を「時点説」と呼ぶ。下級審裁判例の中には、時点説を採用するものが見られる[9]。一方、学説においては、賃料額確認訴訟の訴訟物についての議論があまりなされていなかったことから、時点説を具体的に論じたものはなかったようである[10]。

　賃料増減額確認請求訴訟の係属中に、被告（請求の相手方）が原告の請求内容と対立する内容の賃料増減請求権を行使して、当該訴訟においてこれを主張した場合、期間説によれば、当該訴訟の手続き内でその処理が必要となる。当該訴訟の訴訟物、すなわち原告が確認を求める賃料額の対象期間中（賃料増減額請求権の行使により賃料が増額又は減額されたとする日から事実審の口頭弁論終結時までの期間）に被告がこれに対立する請求をしたこととなり、それも含めて審理しなければならなくなるからである。これに対し、時点説によれば、被告の請求は原告が決めた訴訟物と対立しないので、被告は別途の訴訟を提起することができるとして、請求の追加、反訴の提起等を制限することができる。

(5)　確認訴訟の訴えの利益（確認の利益）

　誰でも、また、どのような内容であっても、訴訟を提起できるとすれば、膨大な数の訴えが裁判所に係属し、司法制度が麻痺するおそれがある。このような事態を防止するため、判決を受ける正当な利益ないし必要性が存在することが訴えの前提とされる。この利益ないし必要性を訴えの利益と呼ぶ。民事訴訟においては、原告の請求に対し判決をすることが当事者間の紛争を解決するために有効かつ適切であることが訴えの利益とされる。訴えの利益を欠く訴えは不適法として却下される。

　確認訴訟における訴えの利益（確認の利益）は、次のように説明される。

❶法令の適用によって紛争が解決されること

❷具体的な権利・法律関係の存否に関する訴えであること[11]

❸原告の権利・義務ないし法律的地位に関し危険・不安があり、確認判決によって、即時に、この危険・不安を有効・適切に除去しうること[12]

9　時点説による下級審判決として、東京地裁平成11年3月26日判決・判例タイムズ1020号216頁などがある。

10　池田愛「賃料増減額確認請求訴訟の確定判決の既判力の範囲」『熊本法学』134号127頁。

11　❶と❷は給付の訴え、形成の訴え、確認の訴えに共通する訴えの利益である。

　確認の訴えの対象は、給付の訴えや形成の訴えのように明確に限定されないから、訴えの利益の有無について検討することがより重要となる。

　また、訴訟物ないし確認の対象の適格性、許容性は、確認の利益と密接に関係していると考えられている。

　かつては、過去の法律関係の確認は確認の対象とはならないとされていたが、最高裁が従前の判例を変更して確認の利益を認める範囲を拡大したことを契機に[13]、現在では、過去の法律関係の確認であっても、紛争の抜本的解決を図り得るのであれば、確認の対象となり得るとされている[14]。

(6)　時点説の論点

　本件判決が時点説を採用した理由は、次の二点である。

　第一の理由は、賃料増減額確認請求訴訟において、その前提である賃料増減訴訟の効果が生ずる時点より後の事情は、新たな賃料増減請求がされるといった特段の事情がない限り、直接的には結論に影響する余地がないことである[15]。

　第二の理由は、賃貸借契約が継続的な法律関係であり、賃料増減請求により増減された時点の賃料が法的に確定されれば、特段の事情がない限り、当該賃料の支払につき任意の履行が期待されるのが通常であるといえることから、確認訴訟の判決の確定により、賃料に係る紛争の直接かつ抜本的解決が図られることである。

　つまり、賃料に係る紛争が、例えば賃料変更の合意の成立や賃料増減請求により改めて賃料が変更されるといった事情がない限り、現在から、即ち、賃料増減請求により増減された時点の賃料が法的に確定された場合のその増減時点から賃貸借契約が継続し続ける間は将来にわたり解決が図られるという意味において、賃料増減請求の効果が生じた時点の賃料額を確認すれば足りるというのが、最高裁が時点説を採用した趣旨であると解される。

　ここで、本件判決のように時点説を採用した場合、当事者が求める確認の対象は「過去の特定の時点における賃料額」という過去の法律関係となり、

12　最高裁昭和30年12月26日判決・民集 9 巻14号2082頁。

13　最高裁大法廷昭和32年 7 月20日判決・民集11巻 7 号1314頁、最高裁大法廷昭和45年 7 月15日判決・民集24巻 7 号861頁、判例タイムズ251号160頁。

14　最高裁一小判昭和47年11月 9 日判決・民集26巻 9 号1513頁、判例タイムズ286号220頁等。

15　金築裁判官の補足意見では、「請求後の期間が、争いの対象として当事者に意識されることは、少ないのではなかろうか」と指摘されている。

確認の利益（紛争解決の可能性）が否定されるのではないかという問題が生じる。この点については、ある時点での賃料額が法的に確定されれば、それを前提にその後の賃貸借関係が規律され、当事者間において賃料に係る紛争は解決するとする本件判決の第二の理由が、確認訴訟における訴えの利益を肯定する根拠にもなると解される[16]。

もう一つの論点は、訴訟継続中に新たな賃料増減請求がされた場合には、審理の遅延を招き紛争処理期間が長期化するという問題である[17]。時点説によれば、新たな賃料増減請求に係る審理が訴訟手続を遅滞させるような場合には、そのような請求の追加、反訴の提起等を制限することが容易なので、この問題に対応可能であるといえる[18]。

(7)　期間説の論点

期間説は、原告の意思として、賃料増減額請求権を行使した時点から、口頭弁論終結時点までそのまま継続している当該賃料の確定を全体として求めていると解するのが相当であるとする。

期間説が時点説と異なり、ある一定期間における賃料額を訴訟物と解するのは、賃料に係る紛争解決のためには、賃料増減請求の効果発生時点における賃料額の確認では足りず、当該時点から既判力の基準時としてやむなく画される口頭弁論終結時までの賃料額を定めることが必要であると解することを理由とする[19]。

これに対し、前記(3)で述べたように、賃料増減請求確認訴訟において賃料増減の相当額あるいは適正賃料額を判断するに当たっては、直近の合意賃料を基にして、合意時から賃料増減請求時までの経済事情の変動等を考慮すべ

16　前掲注10池田論文132頁。
17　金築裁判官の補足意見は、「期間説の難点として、賃料増減額確認請求訴訟の係属中に新たな増減請求がされた場合に、手続上煩わしい問題が生じる可能性があるように思う。増額訴訟中更に増額請求がされた場合や減額訴訟中更に減額請求がされた場合は、前の請求について後の請求時までに期間を限定することになるであろうから、審理の状況に従って、後の請求に係る賃料額確認を、前の請求に係る訴訟の中で処理するか、別訴にしてもらうか、いずれの方法を採ることも困難ではないであろうが、例えば、減額確認請求訴訟中に増額請求がされたような場合は、原告の意思に反して終期を付すように求めることはできないであろう。その結果、遮断効を避けるための反訴の提起を許さざるを得ないことになれば、審理の長期化要因となることは避けられない。」と指摘する。
18　金築裁判官の補足意見は、「時点説は、新たな増減請求がされても、特段の措置を講ずることなく別訴にまわすことができ、審理の複雑化を避けることができる。時点説は、新たな増減請求がされても、特段の措置を講ずることなく別訴にまわすことができ、審理の複雑化を避けることができる。」と指摘する。
19　前掲注10池田論文130頁。

きものとされているから、当該訴訟においては、賃料増減請求後に生じた事情については直接的な審理判断の対象とはならないといえる。したがって、その訴訟物を事実審口頭弁論終結時までの賃料額とする期間説は、審理の実態に沿わない面があるという批判がある[20]。

そして、賃料増減額確認請求訴訟における文言の表現についてみると、請求の趣旨の場合、特定の日「から」、あるいは特定の日「以降」の賃料額が月額○○円であることの確認を求めるという文言が用いられるのが一般的であり、認容判決の文言も同様の主文とされている。その一方で、終期が明示されることはないのが通常である[21]。これらのことからすれば、従前の請求の趣旨等の表現が一定の期間の賃料額確認に係る趣旨と解すべき必然性があるとはいえないと解することができる。また、「から」、「以降」という文言は、単にその特定の日が賃料増減の効果が生じた日である旨を示すにとどまると解することもできる[22]。したがって、裁判実務で用いられてきた請求の趣旨等の表現が時点説採用の妨げとなるものとはいえない。

かえって、期間説を採用すると、例えば、賃料増額確認請求訴訟の終結間際に被告（賃借人）が賃料減額請求をした場合など、訴訟係属中に新たな賃料増減請求がされた場合に訴訟手続を遅滞させるという問題が生じ得ると批判されている[23]。

5．本件判決の意義

(1) 賃料増減額確認請求訴訟の訴訟物・既判力に関する初めての判断

本件判決が出されるまで、賃料増減額確認請求訴訟の訴訟物や既判力について判示した最高裁判例はなかった。

本件判決は、賃料増減額確認請求訴訟の訴訟物については時点説を採用した。そして、その確定判決の既判力の範囲を明確に示した。これらの論点に

20　判例時報2238号16頁のコメントは、「これに対し、時点説は、審理の実態に沿うとともに、確認の利益の点でも問題はないと考えられる。」と述べる。

21　金築裁判官の補足意見は、「請求の趣旨や判決主文で、増減請求の日「から」あるいは「以降」の賃料額の確認を求める旨記載するのは、その日が始点という性格を有することを示しているだけのものと理解できる」と述べる。

22　金築裁判官の補足意見は、「賃料増減額確認請求訴訟において一般的に見られる形の請求（増減請求時「から」あるいは「以降」の賃料額の確認を求め、特に期間を限定していない請求）をした場合、通常、原告が期間説を念頭に置いて訴えを提起しているものと理解すべきかどうかは、甚だ疑問である。」と指摘する。

23　前掲注20コメント15頁参照。

ついて最高裁として初めて判示した点で意義を有する。

　そして、下級審判決において期間説と時点説の対立があったところ、時点説を採用し、この問題に終止符を打った点でも意義がある。

(2)　実務に与える影響

　本件判決は、従前の実務を理論的に分析したもので、その内容は金築裁判官の補足意見と合わせて理解することができる。

　その趣旨は、従前の実務上の取扱いに対し、特段の変更を求めるものではないと理解するのが相当と考えられる[24]。

　したがって、賃料額の増減額について賃貸人と賃借人の間に紛争が生じ、調停や訴訟による解決が必要になった場合、時点説を前提に対応することが、今後の実務における基本となる。

(3)　本件判決の射程（その１）

　４．(1)①で述べたように、裁判所に求める判断の対象は原告が決めることができるので、当事者が、ある特定の時点から一定の期間内における賃料額の確認を求めた場合には、訴訟物は当該期間中の賃料額であることは明らかである。

　本件判決自身「特定の期間の賃料額について確認を求めていると認められる特段の事情がない限り」と判示している。したがって、このような訴訟においては時点説の出番はない。

　時点説が適用されるのは、ａ）当事者が特定の時点における賃料額の確認を求めることを明示した場合と、ｂ）期間について言及することなく、賃料増減額請求権を行使した後の賃料額の確認を求めた場合（このケースが最も一般的であろう。）ということになる。

(4)　本件判決の射程（その２）

　賃料増額請求がされたケースにおいて、賃料増額確認訴訟と賃料差額の支払請求訴訟が併合されて、これら請求に対する判決が確定した後に（あるい

24　前掲注20コメント16頁は、今後も、請求の趣旨ないし判決主文の表現については原則として従前どおりのままでよく、むしろ、賃料増減額確認請求訴訟であることを明らかにする趣旨で、従前どおりとするのが相当といえると指摘する。そして、一定の期間の賃料額確認を求める場合に限って、終期を明示してその趣旨を明確にすべきものと考えられるとする。

は口頭弁論中に）、新たな賃料増減額請求に基づく差額請求がされた場合、確定判決（前訴判決）と抵触する判断はできないのではないかという論点ある。

本件では、本件賃料増額請求に伴う賃料差額の支払請求も併合されていたものの、前件訴訟においては本件賃料増額請求の効果発生時点より前の期間の賃料差額に係る支払請求しかなく、前訴判決の支払請求に係る判断部分の既判力との関係は問題とならなかった。

仮に、前件訴訟で上記効果発生時点以後の賃料差額支払請求がされており、これを棄却する旨の判断がされていた場合には、本件で既判力の抵触の問題が生じ得た。

この点については、前件訴訟で棄却された部分と期間が重なる差額支払請求については、前訴判決の既判力と抵触する判断は許されないが、本件賃料増額請求により賃料増額の効果が生じたとして賃料増額確認請求を認容することは許されるとの考え方が示されている[25]。

(5) 残された論点：賃料増減額確認請求訴訟の訴額

賃料増減額確認請求訴訟の訴額については、これまで、期間説を採用した下級審判決を根拠に[26]、原則として、従前賃料との差額に第1審の平均審理期間（12か月）を乗じた額とするのが相当であるとされてきた。

本件判決により時点説が採用された結果、今後の賃料増減額確認請求訴訟の訴額の算定方法が問題となる[27]。

6. 賃貸住宅管理業者としての留意点

賃貸住宅管理業者が管理を受託している賃貸住宅において、賃料額の増減額について賃貸人と賃借人の間に紛争が生じ、調停や訴訟による解決が必要になった場合、その処理は弁護士に依頼することになるのは当然である。

しかし、賃貸借契約は長期にわたる継続的関係であるから、賃貸住宅管理業

---

25 前掲注20コメント16頁は、所有権に基づく登記請求を認容する確定判決は、前提となる所有権の存在の判断について既判力を有しないとされていることに照らし（最高裁二小判昭和56年7月3日判決・集民133号241頁、判例タイムズ450号88頁）、許され得るものと考えられるとする。

26 前掲注7の昭和49年大阪高裁判決など。

27 この問題について、前掲注20コメント15頁は、時点説であっても、原告について、その主張どおりの賃料増減が認められれば少なくとも1年程度はその利益を享受し得るとみて、従前の訴額算定の実務を変更しないことも十分可能であると考えられるとする。

者として賃料額の増減をめぐる紛争に直面することは稀ではない。また、賃料額の増減については、契約の更新時に行われることが通常であるから、受託業務を実施する中で賃料額の増減をめぐる紛争の初期対応に当たらなければならないのは賃貸住宅管理業者である。

　したがって、賃貸借契約の継続において避けることができない賃料額の増減を円滑に実行し、紛争を未然に防止したり、不幸にして紛争が発生しても可及的に初期段階で処理するためには、賃貸住宅管理業者の役割は極めて重要である。かかる意味において、賃貸住宅管理業者としても賃料額の増減額請求に関する法律の規定はもちろん、主要な論点に関する判例・学説を理解することは有用であり、本件判決はまさにその一例である。

7．本件判決に関する評釈

・伊藤正晴『最高裁判所判例解説　民事篇（平成26年度）』一般財団法人法曹会平成29年7月28日、340頁
・伊藤正晴『法曹時報』第68巻第12号、一般財団法人法曹会平成28年12月1日、151頁
・伊藤正晴「[最高裁時の判例] 民事　借地借家法32条1項の規定に基づく賃料増減請求により増減された賃料額の確認を求める訴訟の確定判決の既判力—最一小判平成26・9・25」ジュリスト1502号、有斐閣、平成29年1月25日
・勅使河原和彦「最判平26.9.25民集68・7・661…平成26重判—民事訴訟法6事件　借地借家法に基づく賃料増減請求により増減された賃料額の確認を求める訴訟の確定判決の既判力」『増刊ジュリスト平成26年度重要判例解説1479号』、有斐閣、平成27年4月10日
・田中壮太『NBL』1042号、商事法務、P90
・内山衛次「判例批評　借地借家法32条1項の規定に基づく賃料増減請求により増減された賃料額の確認を求める訴訟の確定判決の既判力」『民商法雑誌』153巻4号、有斐閣、平成29年10月15日
・中村肇「判例評釈」677号9頁、『判例時報』2256号123頁
・Westlaw Japan・新判例解説　1023号（2014WLJCC120）
・渡辺晋『不動産鑑定』54巻12号26頁
・池田愛「賃料増減額確認請求訴訟の確定判決の既判力の範囲」『熊本法学』134号121頁

- 川嶋四郎『法学セミナー』729号128頁
- 堀清史『判例リマークス』51号124頁
- 石毛和夫『銀行法務』21784号123頁
- 石毛和夫『銀行法務』21779号66頁
- 越山和広『法学セミナー増刊（新判例解説 Watch）』16号153頁
- 借地借家紛争事例データファイル（借家）分類：借家＞賃料の増減請求＞賃料増減、事件番号平25（受）1649号、裁判日：平成26年9月25日、裁判所名：最高裁第一小法廷、事例：借地借家法32条1項の規定に基づく賃料増減額請求により増減された賃料額の確認を求める訴訟の確定判決の既判力は、特段の事情のない限り、前提である賃料増減額請求の効果が生じた時点の賃料額に係る判断について生ずると判断した事例
- 山本克己「金融判例研究」25号67頁、『金融法務事情』2022号
- 三木浩一『法学研究』88巻10号90頁、慶應義塾大学
- 越山和広『龍谷法学』48巻2号221頁
- 小林秀之＝山本浩美・受験新報 804号2頁
- 上田竹志「別冊付録【判例セレクト2015［Ⅱ］】民事訴訟法4　賃料増減額確認請求訴訟における請求の趣旨、確認の利益および確定判決の既判力（最判平成26・9・25）」『法学教室別冊』426号、有斐閣、平成28年2月27日
- 加藤慎太郎「◆特集　近時の最高裁判決に見る民事訴訟法の論点　Ⅴ　建物賃料増減額確認請求訴訟の確定判決の既判力（最判平成26・9・25民集68巻7号661頁）」『法学教室』422号、有斐閣、平成27年10月28日
- 雨宮啓「判例研究　建物賃料減額確認請求訴訟（前訴）の口頭弁論終結前に行使した同建物賃料増額請求権に基づく建物賃料増額確認請求訴訟（後訴）での賃料増額主張は前訴確定判決の既判力に抵触するか［最高裁平成26.9.25判決］」『福岡大學法學論叢 ＝Fukuoka University review of law 61(4)（長谷川正国教授古稀記念号）』1417〜1445頁、2017年

判例　6　／06

市営住宅条例の暴排条項と憲法14条１項・22条１項

（平成27年３月27日最高裁第二小法廷判決）

////////// 判決のポイント //////////

① 　市営住宅条例の規定のうち、入居者が暴力団員であることが判明した場合に市営住宅の明渡しを請求することができる旨を定める部分は、憲法14条１項に違反しないとされたこと。

② 　市営住宅条例の規定のうち、入居者が暴力団員であることが判明した場合に市営住宅の明渡しを請求することができる旨を定める部分は、憲法22条１項に違反しないとされたこと。

当事者の関係図

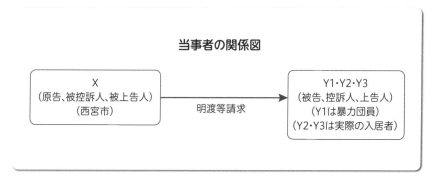

```
  X                                        Y1・Y2・Y3
（原告、被控訴人、被上告人）    明渡等請求    （被告、控訴人、上告人）
（西宮市）                                （Y1は暴力団員）
                                        （Y2・Y3は実際の入居者）
```

1．事案の概要

⑴ 　本件は、X（西宮市）が、市営住宅の入居者であるＹ１とその同居者であるＹ２・Ｙ３（Ｙ１の両親）に対し、当該市営住宅の明渡し及び明渡し済みまで月額７万7,900円の割合による損害金の支払を求めるとともに、市営住宅の駐車場の使用者であるＹ２に対し、当該駐車場の明渡し及び明渡し済みまで月額１万円の割合による損害金の支払を求める事案である。

⑵ 　本件事案の事実関係は、次の通りである。

❶ X（兵庫県西宮市）は、平成17年８月、西宮市営住宅条例（平成９年西宮市条例第44号。以下「本件条例」という。）の規定に基づき、市営住宅（Xが建設、買取り又は借上げを行い、市民等に賃貸し、又は転貸するた

めの本件条例2条2号から7号までに規定する住宅及びその附帯施設をいう。本件条例2条1号）のうちXが所有する住宅（以下「本件住宅」という。）の入居者をY1とする旨決定した。

❷ 本件条例46条1項柱書は「市長は、入居者が次の各号のいずれかに該当する場合において、当該入居者に対し、当該市営住宅の明渡しを請求することができる。」と規定しているところ、Xは、平成19年12月、本件条例を改正し、同項6号として「暴力団員であることが判明したとき（同居者が該当する場合を含む。）。」との規定を設けた（以下、同項柱書及び同項6号の規定のうち、入居者が暴力団員であることが判明した場合に市営住宅の明渡しを請求することができる旨を定める部分を「本件規定」という。）。本件条例において、「暴力団員」とは暴力団員による不当な行為の防止等に関する法律（以下「暴対法」という。）2条6号に規定する暴力団員をいうと定義されている（本件条例7条5号）。そして、暴対法において、「暴力団」とはその団体の構成員（その団体の構成団体の構成員を含む。）が集団的に又は常習的に暴力的不法行為等（暴対法別表に掲げる罪のうち「暴力団員による不当な行為の防止等に関する法律施行規則」1条各号に掲げられているもの）をいう。暴対法2条1号）を行うことを助長するおそれがある団体と定義され（暴対法2条2号）、また、「暴力団員」とは暴力団の構成員と定義されている（同条6号）。

❸ Xは、平成22年8月、Y1に対し、その両親であるY2及びY3を本件住宅に同居させることを承認した。その際、Y1及びY2は、「名義人又は同居者が暴力団員であることが判明したときは、ただちに住宅を明け渡します。」との記載のある誓約書をXに提出した。また、本件条例によれば、市営住宅の入居者又は同居者のみが当該市営住宅の駐車場を使用することができ、入居者又は同居者でなくなればこれを明け渡さなければならないところ（本件条例56条2項1号、64条2項、西宮市営住宅条例施行規則（平成9年西宮市規則第1号）53条8号）、Xは、同年9月、Y2に対し、本件住宅の同居者であることを前提に、本件住宅の駐車場である土地（以下「本件駐車場」という。）の使用を許可した。

❹ Y1は、平成22年10月当時、暴力団である六代目A組三代目B組C會に所属する暴力団員であった。Xは、同月、兵庫県警察からの連絡によって、Y1が暴力団員である事実を知った。そこで、Xは、同月、Y1に対し、

86

　　本件規定に基づいて同年11月30日までに本件住宅を明け渡すことを請求す
　　るとともに、Ｙ２に対しても、本件駐車場の明渡しを請求した。
❺Ｙ１は、従前から別の建物を賃借してそこに居住しており、本件住宅には
　　現実に居住することはなく、Ｙ２及びＹ３のみが本件住宅に居住してい
　　る。

2．第一審判決・第二審判決

(1) 第一審判決

　　　Ｙ１らは、第一に、本件規定は合理的な理由のないまま暴力団員を不利に
　　扱うものであるから、憲法14条１項に違反する、第二に、本件規定は必要な
　　限度を超えて居住の自由を制限するものであるから、憲法22条１項に違反す
　　る、第三に、Ｙ１は近隣住民に危険を及ぼす人物ではないし、Ｙ２及びＹ３
　　はそれぞれ身体に障害を有しているから、本件住宅及び本件駐車場の使用の
　　終了に本件規定を適用することは憲法14条１項又は22条１項に違反すると主
　　張した。

　　　第一審は、Ｘが解除の効力発生の時期として指定した平成22年10月31日時
　　点では、Ｙ１は暴力団員であったと認められるとした上で、次の通り判示し
　　てＸの請求を認めた。(平成25年２月８日神戸地裁尼崎支部判決、ウェスト
　　ロージャパン)。

ア) 合理的な理由に基づく区別は直ちに憲法14条に違反するものではないと
　　するのが判例であるところ、公営住宅から暴力団員を排除することには合
　　理的な理由があると認められる。

イ) Ｙ２・Ｙ３は、独自に本件住宅の入居承認を得たのではなく、Ｙ１の入
　　居承認を基礎とする同居者としての承認を得たのにとどまり、その経緯に
　　ついても、Ｙ１は住居を別途賃貸借していて本件住宅の使用の必要は低
　　かったのに平成17年から本件住宅の使用の権限を確保し、それをＹ２・Ｙ
　　３に継承させたものであり、真に住宅に困窮している者に対して住宅を提
　　供するという公営住宅制度の趣旨に反する経緯であったことを考慮する
　　と、Ｙ２・Ｙ３を入居者とする入居の承継を認めるのも相当とは言い難
　　い。したがって、Ｙ２・Ｙ３に対しても明渡請求をすることが憲法14条に
　　違反するとはいえない。

ウ) 憲法22条の定める居住の自由は公共の福祉に反しない限り認められるも

のであるところ、正当な手続きに基づく明渡請求がなされる場合に、これに反してまで居住を継続することを認めるものではない。

エ）西宮市営住宅条例56条2項によれば、駐車場を使用できるのは市営住宅の入居者又は同居者である場合に限られると認められ、本件住宅の契約上の入居者であるY1に対する契約解除が認められる以上、Y2は駐車場の明渡し義務を負うものと認められる。

(2) 第二審判決

　Y1らが控訴したところ、控訴審は、第一審判決を補正の上引用して説示するとともに、次の通り補足して、控訴を棄却した（平成25年6月28日大阪高裁判決、ウェストロージャパン）。

　Y1らは、本件賃貸借契約の解除について、信頼関係を破壊しない特段の事情がある旨主張するが、公営住宅の使用関係については、特別法である公営住宅法及びこれに基づく条例が一般法である民法ないし借地借家法に優先して適用されるところ、本件条例が暴力団員である者に市営住宅の供給を拒絶する旨定めていることには合理的な理由があるというべきである上、Y1は、本件住宅の入居承認を得た平成17年当時、市営住宅に入居する必要性は低く、入居承認を受けた後も本件住宅には入居せず、平成22年に同居承認を受けてY2・Y3を本件住宅に居住させるようになったものであって、これは真に住宅に困窮している者に対して住宅を供給するという公営住宅の趣旨にそぐわない行為であったといわねばならず、Y1において、本件賃貸借契約の解除までは家賃の滞納もなく、地域活動をするなど近隣住民に迷惑をかけるような行為をしたことがなかったとしても、同控訴人について信頼関係を破壊しない特段の事情があるということはできない。

3. 最高裁判決

　Y1らが上告したところ、最高裁は次のように判示して、Y1らの上告を棄却した（平成27年3月27日最高裁二小判決、民集69巻2号419頁、裁判所時報1625号2頁、裁判所ウェブサイト、判例タイムズ1414号131頁、判例時報2258号39頁、金融法務事情2023号110）。

❶地方公共団体は、住宅が国民の健康で文化的な生活にとって不可欠な基盤であることに鑑み、低額所得者、被災者その他住宅の確保に特に配慮を要する

者の居住の安定の確保が図られることを旨として、住宅の供給その他の住生活の安定の確保及び向上の促進に関する施策を策定し、実施するものであって（住生活基本法１条、６条、７条１項、14条）、地方公共団体が住宅を供給する場合において、当該住宅に入居させ又は入居を継続させる者をどのようなものとするのかについては、その性質上、地方公共団体に一定の裁量があるというべきである。

❷ そして、暴力団員は、集団的に又は常習的に暴力的不法行為等を行うことを助長するおそれがある団体の構成員と定義されているところ、このような暴力団員が市営住宅に入居し続ける場合には、当該市営住宅の他の入居者等の生活の平穏が害されるおそれを否定することはできない。他方において、暴力団員は、自らの意思により暴力団を脱退し、そうすることで暴力団員でなくなることが可能であり、また、暴力団員が市営住宅の明渡しをせざるを得ないとしても、それは、当該市営住宅には居住することができなくなるというにすぎず、当該市営住宅以外における居住についてまで制限を受けるわけではない。

❸ 以上の諸点を考慮すると、本件規定は暴力団員について合理的な理由のない差別をするものということはできない。したがって、本件規定は、憲法14条１項に違反しない。

❹ また、本件規定により制限される利益は、結局のところ、社会福祉的観点から供給される市営住宅に暴力団員が入居し又は入居し続ける利益にすぎず、上記の諸点に照らすと、本件規定による居住の制限は、公共の福祉による必要かつ合理的なものであることが明らかである。したがって、本件規定は、憲法22条１項に違反しない。

❺ そして、Ｙ１は他に住宅を賃借して居住しているというのであり、これに、誓約書が提出されていることなども併せ考慮すると、その余の点について判断するまでもなく、本件において、本件住宅及び本件駐車場の使用の終了に本件規定を適用することが憲法14条１項又は22条１項に違反することになるものではない。

4. 解　説

(1)　公的賃貸住宅の概要

　地方公共団体は、住宅が国民の健康で文化的な生活にとって不可欠な基盤

であることに鑑み、低額所得者、被災者その他住宅の確保に特に配慮を要する者の居住の安定の確保が図られることを旨として、住宅の供給その他の住生活の安定の確保及び向上の促進に関する施策を策定し、実施するものとされている（住生活基本法1条、6条、7条1項、14条）。

　具体的には、次の賃貸住宅が供給されている。

・「公営住宅法」に基づく公営住宅

・「住宅地区改良法」に基づく住宅

・「特定優良賃貸住宅の供給の促進に関する法律」に基づく住宅

・国土交通大臣の承認を受けた整備計画に基づき施行される密集住宅市街地整備促進事業及び住宅市街地総合整備事業により供給される住宅

・その他地方公共団体の条例に基づく住宅

　多くの地方公共団体では、上記の住宅を一元的に管理するための条例を制定しており、本件条例もその一つである。

(2)　不動産契約における反社会的勢力問題の経緯

①　暴対法とマネロン法

　反社会的勢力との関係遮断の必要性・意義についてはここで改めて論じるまでもないが[1]、ここでは、不動産契約における反社会的勢力問題の経緯を確認しておく[2]。

　「暴力団員による不当な行為の防止等に関する法律」（暴対法）は、第9条（暴力的要求行為の禁止）において、指定暴力団等の暴力団員は次の行為をしてはならないと規定する。

・不動産を占拠したり、不動産に自己の氏名を表示したりすることにより当該不動産に対する支配の誇示を行い、所有者等が拒絶しているにもかかわらず、それをやめることの対償として明渡し料その他金品等の供与を要求すること

・宅地建物取引業者に対し、その者が拒絶しているにもかかわらず、不動産の売買・交換を要求したり、売買・交換・貸借の代理又は媒介を要求すること

1　企業防衛・業界防衛の観点からみた反社会的勢力との関係遮断の必要性については、鶴巻暁「反社会的勢力データベースの現状と課題」NBL No.933、23〜27頁を参照。

2　この部分の記述は、拙稿「不動産契約における相手方選択の自由」明海大学不動産学部論集第24号19頁〜36頁に基づく。

・宅建業者以外の者に対し、不動産の売買・交換をみだりに要求したり、
人に対して不動産の貸借をみだりに要求すること

　また、マネー・ローンダリング（資金洗浄）及びテロ資金供与対策を目
的として制定された「犯罪による収益の移転防止に関する法律」（マネロ
ン法）では、宅建業者は、宅地・建物の売買契約の締結又はその代理・媒
介を行う際に、取引時確認の実施（第4条）[3]、確認記録の作成・保存（第
6条）、取引記録の作成・保存（第7条）、疑わしい取引の届出（第8条）
が義務付けられている。

　これら法律が定めるのは、あくまでも行為規制であって、対象行為に係
る不動産契約の効力自体について規定するものではない。また、こうした
規制に対応して、暴力団を名乗って正面から不当要求に及ぶことが少なく
なる一方で、素性を隠して不動産取引に侵入し、巧妙に活動資金を獲得す
るようになっており、そこで、さらなる対応が必要となった。

② **暴排条例**

　そうした状況下で、犯罪対策閣僚会議幹事会は、2007（平成19）年6月
に「企業が反社会的勢力による被害を防止するための指針」を申合せ事項
として公表し、企業における反社会的勢力排除のための取組みとして、不
当要求の拒絶のみならず、取引を含めた一切の関係遮断を求めた。

　この指針で示された方向性を法的ルールとして具体化したのが暴力団排
除条例（暴排条例）であり、全国47都道府県で暴排条例が制定・施行され
ている。そして、市区町村でも暴排条例が制定・施行されつつある。

　なお、条例で暴力団排除が初めて規定されたのは、2004（平成16）年
に、広島県と広島市が公営住宅の入居資格について「本人とその同居親族
が暴力団対策法に規定する暴力団員でないこと」と定めたことによる[4]。奇
しくも、本件事案と同様、公営住宅が契機となって暴排条例が制定され始
めたのである。

　そして、2007（平成19）年4月20日に東京都町田市で暴力団員による立
てこもり発砲事件が起きたことをきっかけとして、国土交通省は、公営住

3　顧客が個人の場合は、本人特定事項（氏名・住居・生年月日）、取引を行う目的、職業が確認事
項とされ、顧客が法人の場合は、本人特定事項（名称・本店所在地）、取引を行う目的、事業の内
容、実質的支配者の有無等が確認事項とされている。
4　広島市の場合、広島市市営住宅等条例（平成9年広島市条例第35号）を2014（平成16）年6月28
日に改正施行し、第40条第1項六号に「入居者又は同居者が暴力団員であることが判明したとき」
が規定された。

宅を管理する地方公共団体を対象に全国調査を実施し、その結果を同年5月に発表した[5]。これによると、公営住宅において過去5年程度の間に把握された不法行為等の件数は全国で合計277件あり、このうち暴力団員等（暴力団員、元暴力団員及び暴力団員と疑われる者）によるものと確認された事例は105件に上っていた（殺人事件・傷害事件等59件、不正入居・不正使用27件、恫喝・その他19件）。この調査結果を踏まえ、同年6月1日、国土交通省住宅局長が各都道府県知事等に対し、「公営住宅における暴力団排除について」（平成19年国住備第14号）と題する通知を発出し、公営住宅の入居者及び周辺住民の生活の安全と平穏を確保するため及び国及び地方公共団体の補助等により低廉な家賃で供給された公営住宅に暴力団員が入居することは社会正義の上でも問題になることを理由として、その対策を講じるよう指示し[6]、これを受けて、それまで条例等に暴力団員排除に関する条項を設けていなかった地方公共団体においても、明文化がされた立法事例が多くなった。

　暴排条例の内容のうち重要なものは、暴力団員等に対する利益供与の禁止と契約時における措置である。後者は、契約時の属性確認と契約書への暴力団排除条項（暴排条項）の導入を意味しており、反社会的勢力との取引関係を未然に防止するとともに、結果的に取引関係が生じたとしても、関係遮断を容易にすることを目的としている。暴排条項は、取引当事者間の契約書や約款、申込書等に設けられる条項であり、取引先が暴力団を始めとする反社会的勢力である場合には、契約を解除できる旨を定めた条項をいう[7]。

　暴排条例はまた、宅地建物取引業者等が不動産取引を行う際に、契約書等の関係書類に暴排条項を盛り込むことを求めている。

③　不動産取引における暴排条項

　犯罪対策閣僚会議幹事会は2010（平成22）年12月、「企業活動からの暴力団排除の取組について」において、各府省は、関係業界に対する指針の更なる普及啓発に努め、とりわけ、取引約款に暴力団排除条項を導入する

5　平成19年5月25日付け「公営住宅における不法行為等の防止に関する調査結果について」
6　本件判決の評釈である判例時報2258号の41頁にこの通知の内容が紹介されている。
7　平野謙・藤内健吉「暴力団排除条項（上）」NBL No.921、34〜41頁、藤内健吉「暴力団排除条項（中）」NBL No.922、88〜94頁、久米知之・正木幸博・林堂佳子「暴力団排除条項（下）」NBL No.923、51〜61頁参照。

こと等の具体的な取組がなされるよう留意すること及び各府省は、業界団体による、業種ごとの標準契約約款に盛り込むべき暴力団排除条項のモデル作成を支援することを申合せ事項として決定した。

　このような政府の動きの中で、財団法人不動産流通近代化センター（現在の公益財団法人不動産流通推進センター）は、関係団体などと共に2007（平成19）年12月に「不動産業における犯罪収益移転防止法及び反社会的勢力による被害防止のための連絡協議会」を設置し、宅地建物取引業における犯罪収益移転防止のためのハンドブックの作成などを行っている[8]。また、同センターを事務局として、警察庁、国土交通省、業界団体による不動産業・警察暴力団等排除中央連絡会が2011（平成23）年9月30日に設置された[9]。

　そして、国土交通省及び警察庁による支援を受けて、不動産流通4団体（社団法人全国宅地建物取引業協会連合会、社団法人全日本不動産協会、社団法人不動産流通経営協会、社団法人日本住宅建設産業協会）は、不動産取引の契約書（売買・媒介・賃貸住宅）のモデル条項として、暴力団等反社会的勢力排除条項を定め、2011（平成23）年6月以降、各団体において順次導入することとした[10]。

(3) 暴排条項に関する学説

　暴排条例や暴排条項は、単に暴力的行為等を規制するだけでなく、商取引や住宅からの排除という日常生活面での幅広い排除を含むものであることから、憲法上の問題が提起されている。

　学説の中には、問題があるのではないかとの指摘をするものがある[11]。ま

8　協議会の設置要綱は https://www.retpc.jp/wp-content/uploads/hansya/pdf/est_liaison_council.pdf

9　連絡会の設置要領は https://www.retpc.jp/wp-content/uploads/hansya/pdf/est_liaison_conference.pdf

10　現在は、公益社団法人全国宅地建物取引業協会連合会、公益社団法人全日本不動産協会、一般社団法人不動産流通経営協会、一般社団法人全国住宅産業協会である。なお、モデル条項の作成に当たっては、不動産適正取引推進機構が事務局を務めた。

11　青木理ほか「『暴力団排除条例』の廃止を求め、『暴対法改定』に反対する表現者の共同声明」辻井喬ほか『あえて暴力団排除に反対する』102頁、平成24年、又市征治参議院議員の平成24年5月18日付け質問趣意書〔第180回国会質問第116号〕、三木賢治「警察が、暴排条例の全都道府県制定を進めた理由」都市問題103巻10号50頁、平成24年、古賀康紀『『オウム新法』より苛烈な『暴力団排除条例』は合憲か？」週刊新潮平成26年3月27日号145頁、北村喜宣「超えられない一線―公営住宅における暴力団排除」自治事務セミナー47巻10号27頁、平成20年。

た、これらがいずれも条例であることから、法律であれば内閣法制局の審査を通らず、国会を通過しなかったとする見解もある[12]。

　しかしながら、暴力団員に対するこのような規制については、憲法上許されるとするのが学説の大勢であるといえる[13]。

(4)　暴排条項に関する下級審裁判例

　本件と同種の事案の下級審裁判例として、(2)②で紹介した広島市の条例をめぐるものがあるほか[14]、暴排条項の憲法適合性が争われた下級審裁判例は少なくないが、いずれの裁判例においても、憲法に違反しないとの判断がされている[15]。

(5)　本件規定と憲法14条1項

　法の下の平等を保障する憲法14条1項の意義について、事柄の性質に応じた合理的な根拠に基づくものでない限り法的な差別的取扱いを禁止する趣旨であるとするのが判例である[16]。

　また、憲法14条1項後段は「人種、信条、性別、社会的身分又は門地により、政治的、経済的又は社会的関係において、差別されない。」と定めるが、判例は、これらの列挙事由は例示的なものにすぎないとしている。

　これを本件規定についてみると、本件判決が判示するように、地方公共団

12　本件判決の評釈である判例タイムズ1414号135頁は、こうした見解を示すものとして宮崎学編著『メルトダウンする憲法・進行する排除社会』28頁に掲載されたシンポジウム記録での青木理発言、平成24年、小林道雄「警察はなぜ暴力団排除条例を必要とするのか」都市問題103巻10号67頁、平成24年、匿名「反社会的勢力に対する権利制限の根源とは」商事法務2012号74頁、平成25年を紹介する。

13　橋本基弘「基調講演　暴力団と人権」『警察政策』13巻14頁、平成23年、松坂規生「暴力団排除活動の動向」『法律のひろば』65巻2号11頁、平成24年、後藤啓二『企業・自治体・警察関係者のための暴力団排除条例入門』107頁、東洋経済新報社、平成24年、安念潤司「暴対法・暴排条例によるフロント企業の規制は違憲か？」危機管理研究会編『実戦！社会vs暴力団～暴対法20年の軌跡』493頁、金融財政事情研究会、平成25年、犬塚浩ほか『暴力団排除条例と実務対応』276頁、平成26年。

14　広島地判平成20年10月21日及びその控訴審の広島高判平成21年5月29日。その内容は、鶴巻暁「判批」東京弁護士会民事介入暴力対策特別委員会編『別冊金融・商事判例　反社会的勢力を巡る判例の分析と展開』28頁、平成26年で紹介されている。

15　福岡地裁平成7年3月28日判決・判例タイムズ894号92頁、那覇地裁平成7年5月17日判決・判例タイムズ883号124頁、京都地裁平成7年9月29日判決・判例タイムズ900号182頁、那覇地裁平成3年1月23日決定・判例時報1395号130頁、神戸地裁平成6年11月28日決定・判例時報1545号75頁。なお、金融機関の普通預金規定における暴排条項に関し、大阪高裁平成25年7月2日判決・高刑66巻3号8頁・判例タイムズ1407号221頁。

16　最高裁大法廷昭和39年5月27日判決・民集18巻4号676頁・判例タイムズ164号75頁、最高裁大法廷昭和48年4月4日判決・刑集27巻3号265頁・判例タイムズ291号135頁。

体は、住宅の確保に特に配慮を要する者の居住の安定の確保が図られるよう、住宅の供給などの施策を策定・実施するところ、住宅に入居させ又は入居を継続させる者をどのようなものとするのかについては、その性質上、地方公共団体に一定の裁量があるというべきである。そして、暴力団員は、集団的に又は常習的に暴力的不法行為等を行うことを助長するおそれがある団体の構成員と定義されているところ、このような暴力団員が住宅に入居し続ける場合には、他の入居者等の生活の平穏が害されるおそれを否定することはできない。

　他方、本件判決が指摘するように、暴力団員は、自らの意思により暴力団を脱退して暴力団員でなくなることが可能である。また、暴力団員が市営住宅の明渡しをせざるを得ないとしても、それは、当該市営住宅には居住することができなくなるというにすぎず、それ以外の住宅についてまで制限を受けるわけではない。

　そうすると、本件規定は暴力団員について合理的な理由のない差別をするものということはできず、憲法14条1項に違反しないとした最高裁の判断は妥当であると考えられる。

(6) 本件規定と憲法22条1項

　居住の自由を保障する憲法22条1項の意義に関し、居住の自由を制限する規定の合憲性について判断が下された判例がある[17]。これは、規制区域内に所在する建築物等で、多数の暴力主義的破壊主義者の集合の用に供され又は供されるおそれがある場合、運輸大臣(現在の国土交通大臣)はその使用禁止を命ずることができるとの法令の規定(新東京国際空港の安全確保に関する緊急措置法3条1項1号)につき、その憲法適合性が争われたものである。最高裁は、1)保護される利益を航空機の航行の安全の確保や乗客等の生命、身体の安全の確保等とし、2)制限される利益を暴力主義的破壊活動者の集合の用に供する利益として、1)と2)を比較した上、これによってもたらされる居住の制限は「公共の福祉による必要かつ合理的なもの」であるとして、憲法22条1項に違反しないものと判断した。この判決は、利益較量論を合憲性の審査基準として採用したものとされている[18]。

17　成田新法事件判決と呼ばれる最高裁大法廷平成4年7月1日判決・民集46巻5号437頁・判例タイムズ789号76頁。

　これを踏まえると、本件規定により制限される利益は、社会福祉的観点から供給される市営住宅に暴力団員が入居し又は入居し続ける利益にすぎないとみることができ、本件事案の事実関係に照らすと、本件規定による居住の制限は、公共の福祉による必要かつ合理的なものであることが明らかといえるので、本件規定は憲法22条1項に違反しないとした最高裁の判断は妥当であると考えられる。

5．本件判決の意義

　公的賃貸住宅の暴排条項に関し最高裁まで争われた事案は従前あったものの、その合憲性について明確に判示したのは本件判決が初めであり、その点において本件判決は実質的な最初の判例としての意義を有する。

6．賃貸住宅管理業者としての留意点

　賃貸住宅管理業者の中には、公営住宅などの公的賃貸住宅の管理業務を受託している業者がいる。これら業者としては、本件判決は受託業務において重要な意義を有するものであり、現場の担当者にその内容を理解させておく必要がある。

　また、4．(2)で述べた不動産取引全般における暴力団排除の流れの中で、民間賃貸住宅の管理業務を受託する業者としても、民間賃貸住宅に関する契約における暴排条項の意義と実務での取り扱いについて改めて確認しておくことが求められる。

7．本件判決に関する評釈

・廣瀬孝『最高裁判所判例解説　民事篇（平成27年度）』155頁
・廣瀬孝『法曹時報』69巻4号148頁
・廣瀬孝『ジュリスト』1486号70頁
・仲野武志『ジュリスト臨時増刊（平成27年重要判例解説）』1492号36頁
・大沢秀介『ジュリスト臨時増刊（平成27年重要判例解説）』1492号20頁
・宗宮英俊『NBL』1060号69頁、商事法務
・佐々木雅寿「判例評釈689号」2頁、判例時報2293号148頁

18　千葉勝美「判解」最高裁判例解説民事篇平成4年度245頁。

- 金子匡良『憲法判例百選Ⅰ　第7版』ジュリスト別冊245号228頁
- 岡野誠樹『法学協会雑誌』134巻7号1251頁
- 矢田尚子『判例地方自治』407号81頁
- 比山節男『判例地方自治』404号67頁
- 江原勲＝榎本洋一『判例地方自治』397号4頁
- Westlaw Japan・新判例解説1048号（2015WLJCC109）
- 米田雅宏＝遠藤美奈『法学教室』472号20頁
- 廣瀬孝『ジュリスト増刊（最高裁時の判例9）』41頁
- 内藤陽『北大法学論集』67巻5号298頁
- 山本龍彦『法学教室別冊』425号8頁（付録・判例セレクト2015　Ⅰ）
- 斎藤一久『法学セミナー』727号116頁
- 橋本勇『自治実務セミナー』641号68頁
- 門田孝『法学セミナー増刊（新判例解説Watch）』18号11頁
- 田中博章『週刊金融財政事情』66巻34号30頁
- 間野明『行政関係判例解説　平成27年』245頁、ぎょうせい、2015年

宅地建物取引業に関する判例

判例 7 /07

宅地建物取引業者に対する免許と監督処分
（平成元年11月24日最高裁第二小法廷判決）

///////// 判決のポイント //////////

① 宅地建物取引業者に対する知事の免許の付与ないし更新が宅地建物取引業法の免許基準に適合しない場合であっても、知事の行為は、業者の不正な行為により損害を被った取引関係者に対する関係において直ちに国家賠償法1条1項にいう違法な行為に当たるものではないとされたこと。

② 知事が宅地建物取引業者に対し宅地建物取引業法65条2項による業務停止処分ないし同法66条9号による免許取消処分をしなかった場合であっても、知事の監督処分権限の不行使は、具体的事情の下において、権限が付与された趣旨・目的に照らして著しく不合理と認められるときでない限り、業者の不正な行為により損害を被った取引関係者に対する関係において国家賠償法1条1項の適用上違法の評価を受けないとされたこと。

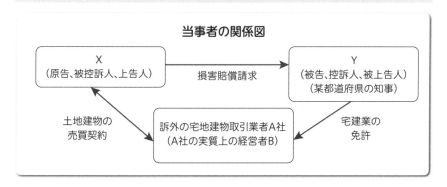

当事者の関係図

1. 事案の概要

❶A社は、昭和47年10月23日、Y（某都道府県の知事）から宅地建物取引業者（以下「宅建業者」という。）の免許（以下「本件免許」という。）を付与され、昭和50年10月23日その更新を受けた（裁判記録によれば、免許及び更新

は宅地建物取引業法（以下「法」という。）所定の免許基準に適合しないことが窺われる。）。A社の実質上の経営者であるBは、多額の負債を抱え、手付を支払って他人所有の不動産をA社の所有物件として売却し、顧客から支払を受けた代金と購入代金との差額を自己の利益とする、いわゆる手付売買の方法で営業を継続していたが、昭和51年ころからは債務返済に追われて所有者への代金の支払ができず、顧客に対する物件の所有権の移転ないし代金返還の不履行も多くなった。

❷Bは、他人所有の本件土地建物を取得して購入者に移転しうる可能性はないのに、これをA社所有の建売住宅として売り出し、昭和51年9月3日、その旨を信じたXに対し、代金1,050万円で売却し（以下「本件売買」という。）、手付金及び中間金350万円の支払を受け、同年11月25日に中間金390万円の支払を受けたが、これを他に流用したため、Xは本件土地建物の所有権を取得することができず、支払額合計740万円相当の損害を被った。

❸Yは、宅建業者に対する監督処分の事務を土木建築部建築課宅建業係（以下「担当職員」という。）に処理させているところ、A社の取引関係者からの担当職員に対する取引上の苦情の申出は、本件免許が更新される直前の昭和50年9月10日、代金の一部につき詐欺被害を受けたとする購入者からされたものが最初であり、担当職員が双方から事情聴取してこれを処理し、また、本件免許の更新後、同様の苦情申出についても行政指導を行って解決をみた例もあったが、こうした事態に対処するため、昭和51年7月8日、A社に対する立入検査を行い、取引主任者（当時）の不在を指摘し、新規契約の締結の禁止を指示した。

❹その後も取引をめぐって被害を受けた旨の苦情の申出が相次ぎ、これら苦情の申出をした者（以下「被害者」という。）から代金返還につき指導、協力を求められた担当職員は、同年8月4日、Bとの交渉の機会をあっせんし、その結果、Bは紛争解決の資金を知人から融資を受ける努力をすることとし、被害者からその融資が実現するまではA社に対する業務の停止、免許の取消等の処分を猶予して欲しい旨要望された。

❺担当職員は、融資の可能性につき逐一報告を求めて推移を見守り、本件売買直後の同年9月8日、被害者から同様の処分猶予の要望がされたが、Bの努力も実現の可能性が危ぶまれ、その上さらに新たな苦情申出が続いたため、同年10月25日に監督処分の方針を決め、同年11月15日に法69条1項による聴

聞の期日を指定したところ、Bはその直後である同月25日、Xから本件売買の中間金390万円の支払を受けた。

❻同年12月17日に公開による聴聞が開かれ、A社代表者の代理人として出頭したBが法違反の事実を認め、昭和52年4月7日、Yは法66条9号により本件免許を取り消した。

❼そこで、Xは、Yの免許の付与、更新の違法及び事前に業務の停止ないし免許の取消しをしなかった権限不行使の違法を主張して、Yに対し1,034万円の損害賠償を請求した。

❽Bについては、不法行為による損害賠償847万円の支払を命ずる判決が確定している。

2．第一審判決・第二審判決

(1) 第一審判決

　　第一審は、極めて詳細な事実認定を行った上で、本件免許の付与・更新は宅建業法上は違法であっても、Xに対する関係で違法とはいえないが、当時の被害発生状況等にかんがみ2回目の中間金390万円の支払前の段階でYが少なくとも業務の停止処分や指示をしなかったことは著しく不合理であり、Xに対する関係で違法になったとして、過失相殺をした残額270万円でXの請求を認容した（昭和58年7月20日京都地裁判決、判例タイムズ517号175頁）。

(2) 第二審判決

　　Yが控訴し、Xが附帯控訴したところ、控訴審は、取引関係者からの苦情申出の実情、これに対するYの応対等を認定し、その確定した事実関係の下では免許の付与・更新及び知事の監督処分権限不行使のいずれもXに対する関係で国家賠償法1条1項の違法性があるとはいえないとして、Xの請求を棄却した（昭和61年7月1日大阪高裁判決、判例時報1222号46頁）。

3．最高裁判決

　　Xが上告したところ、最高裁は次のように判示して、Xの請求を棄却した（平成元年11月24日最高裁二小判決、裁判民集43巻10号1169頁、判例タイムズ717号87頁、判例時報1337号48頁、金融法務事情1248号28頁、金融・商事判例

837号3頁。訴訟月報36巻5号739頁）。

❶事実関係によれば、YがA社に対し本件免許を付与し、更にその後これを更新するまでの間、A社の取引関係者からの担当職員に対する苦情申出は一件にすぎず、担当職員において双方から事情を聴取してこれを処理したというのであるから、本件免許の付与ないし更新それ自体は、法所定の免許基準に適合しないものであるとしても、その後にA社と取引関係を持つに至ったXに対する関係で直ちに国家賠償法1条1項にいう違法な行為に当たるものではないというべきである。また、本件免許の更新後は担当職員がA社と被害者との交渉の経過を見守りながら被害者救済の可能性を模索しつつ行政指導を続けてきたなど、事実関係の下においては、XがA社に対し中間金390万円を支払った時点までにYにおいてA社に対する業務の停止ないし本件免許の取消をしなかったことが、監督処分権限の趣旨・目的に照らして著しく不合理であるということはできないから、権限の不行使も国家賠償法1条1項の適用上違法の評価を受けるものではないというべきである。

❷奥野久之裁判官の反対意見は長文にわたるが、その要旨は次の通りである。

　宅建業法の趣旨は、直接的には取引の安全を確保し、宅地建物の円滑な流通を図るところにあるが、同時に、購入者等の利益の保護をも目的とするものであり（1条）、知事等に指導、助言及び勧告の権限（71条）や、宅建業者に報告を求め、事務所等に立ち入り、帳簿等を検査する権限（72条）、宅建業者が取引関係者に損害を与えるおそれがあるときは必要な指示をする権限（65条1項1号）までも付与し、宅建業者には取引の相手方の損害を補填するための営業保証金の供託を義務づけている（25条、26条）ことをも考えると、知事等としてはこのような法の目的を達成するため、免許ないしその更新に当たっては免許基準（5条1項）を厳正に適用し、またいったん免許を付与した後においても、随時適切に指導監督すべき職責を有する。宅地建物取引が益々国民生活において重要性を増しつつあること並びにしばしば極めて高額の取引となることにかんがみ、宅建業者が規制に違背して取引関係者に損失を及ぼし、かつ、同種の所為を反履累行するおそれがあるため、免許取消、業務停止等の監督処分をしなければいたずらに取引関係者の被害を増大あるいは続発させ、法の趣旨を没却すべきことが予想されるに至ったときは、知事等はもはや裁量の名において監督処分権限を発動しないことは許されず、その後その宅建業者との間で宅地建物取引を行うべき者に対する関

係においても、相当な監督処分をすべき義務を負う。その権限を行使すべき公務員が、法によって裁量権を付与された趣旨に反して権限の行使を怠ったときは、その不作為は国家賠償法１条１項の適用上も違法となる。

本件売買の直前である昭和51年８月ころには、Ａ社は、もはや正常な宅建業取引を行い得ない状態にあったが、担当職員が実際に監督処分の方針を固めたのは同年10月25日であって、その間は被害者から処分猶予の要望もあり、Ｂが努力するという知人からの融資の可能性を見守っていたというのであるが、何らか特別の事情によりＢの債務を引き受けてでもＡ社の業務を引き継ごうとする者の確実な見込みがない限り、実際には放置したに等しく、裁量権の行使としても、甚だしく合理性を欠いたものというべきである。記録によれば、１）Ｂが昭和44年12月、妻の名義により宅建業免許を受けた際、担当職員は、Ｂに対し、同人自身は営業に関与せず、他に専任の取引主任者を設置する旨の誓約書を提出させながら、その後継続的に指導監督を加えた形跡はなく、やがてＢは名称をＡ社に変更し、昭和46年４月ころからその名称をもって計10件の不告知、横領、詐欺により多くの被害を発生させ、免許不正取得等の罪で処罰された、２）Ｂの妻もまた宅建業法違反により罰金に処せられ、そのため同人名義の前記免許が取り消されると、その１か月後の昭和47年５月、ＢはＡ社の名称で妻の母の夫の名義により宅建業免許を受け、３）Ｂは同年７月７日Ａ社の法人成りとして有限会社Ａ社を設立し、いったん取締役を辞任した旨の登記をし、妻の義弟を取締役に仕立てて同年10月本件免許を受けたが、義弟が名義貸に難色を示したため、昭和48年11月自ら取締役に就任し、その旨Ｙにも届け出たが、Ｂは宅建業法違反等の罪によって刑の執行猶予中であったため、担当職員から注意を受け、義弟の名義を借り、自らは退任の登記をした、５）本件免許の更新はＢの執行猶予期間中である昭和50年10月23日にされた。

Ｂはしばしば法に抵触する所為を反覆し、そのため刑罰を受けるなど、いわば札付の人物であるといわざるを得ない。したがって、担当職員において少しでも注意を払っていれば、かように度々免許の不正取得が行われるわけもなく、殊にＡ社の本件免許は法５条１項７号の欠格事由に抵触し、昭和48年11月には法66条３号、５条１項３号により免許取消を必要とする事由があったものであり、本件免許の更新も実質的に法５条１項７号に抵触するほか、最初の被害の申出のあった後であるから、到底許されないはずのもので

あった。

　ここに見られるＹの度重なる指導監督権限の著しく不当な行使若しくは不行使が本件の事態を招来する基盤をなしているものと考えられるのであって、昭和51年８月ころには、既に取引関係者の被害の増大ないし続発の危険が予測され、相当な監督処分に着手すべき義務を負い、手続に必要な期間を考慮しても、遅くともＸが２回目の中間金を支払った同年11月25日までには監督処分をすべきであった。したがって、その権限の不行使につきＸに対する関係においても国家賠償法１条１項の違法性を肯認する余地が十分に存する。

4．解　説

(1)　宅地建物取引業法の目的

　宅地建物取引業法の目的（１条）は、４回にわたり大幅な改正がなされている。この法律は、1952（昭和27）年に取締法規として制定されたが、1957（昭和32）年の第２次改正により業務規制法としての性格が確立され、1964（昭和39）年の第４次改正により「取引の公正の確保」が明記され、1971（昭和46）年の第10次改正により「取引の公正の確保」が直接目的に改められ、消費者保護行政の観点から「購入者等の利益を保護」することが究極的な目的として追加され、1980（昭和55）年の第12次改正により宅地地建物取引業を振興、育成する観点が付加された[1]。

　このような改正経緯を踏まえると、本件判決の奥野裁判官の反対意見のように、法違反を犯している宅地建物取引業者（その事実上の支配者を含む）に対し、免許権者が監督権限を行使しない場合、その権限不行使が購入者等の取引関係者に対する関係においても国家賠償法１条１項の違法性を肯認する余地は高まっていると解することができるのではないだろうか。国家賠償法の保護範囲と宅建業法上の取引関係者の取扱いについては、次項で述べる。

1　岡本正治・宇仁美咲『三訂版［逐条解説］宅地建物取引業法』大成出版社2020年、39頁。

（表）　宅建業法第1条の変遷

年	条文
1952（昭和27）年 制定時	この法律は、宅地建物取引業を営む者の登録を実施し、その事業に対し必要な取締を行い、もつてその業務の適正な運営を図ることにより、宅地及び建物の利用を促進することを目的とする。
1957（昭和32）年 第2次改正	この法律は、宅地建物取引業を営む者の登録を実施し、その事業に対し必要な<u>規制</u>を行い、もつてその業務の適正な運営を図ることにより、宅地及び建物の利用を促進することを目的とする。
1964（昭和39）年 第4次改正	この法律は、宅地建物取引業を営む者<u>について免許制度</u>を実施し、その事業に対し必要な規制を行ない、もつてその業務の適正な運営を図ることにより、<u>宅地及び建物の取引の公正</u>を確保する<u>とともに</u>、宅地及び建物の利用を促進することを目的とする。
1971（昭和46）年 第10次改正	この法律は、宅地建物取引業を営む者について免許制度を実施し、その事業に対し必要な規制を<u>行なうことにより、その業務の適正な運営と宅地及び建物の取引の公正とを確保し、もつて購入者等の利益の保護と宅地及び建物の流通の円滑化とを図ること</u>を目的とする。
1980（昭和55）年 第12次改正	この法律は、宅地建物取引業を営む者について免許制度を実施し、その事業に対し必要な規制を行うことにより、その業務の適正な運営と宅地及び建物の取引の公正とを確保する<u>とともに、宅地建物取引業の健全な発達を促進し、もつ</u>て購入者等の利益の保護と宅地及び建物の流通の円滑化とを図ることを目的とする。

(2)　国家賠償法における保護規範

　行政事件訴訟法9条1項は、取消訴訟は「法律上の利益を有する者に限り、提起することができる」と規定している。そして、条文の「法律上の利益」とは、「法律上保護された利益」を意味するというのが通説・判例である[2]。

　また、行政処分の相手方でない当事者については、法律上保護された利益を有する者に限り、原告適格を認め、それ以外の利益は反射的利益であるとして、原告適格を認めていない[3]。

　そして、以上の取扱いは、国家賠償請求訴訟においても同様である。

　本件判決は、反射的利益という文言を用いてはいないものの、宅建業法に

2　通説・判例の法律上保護された利益説に対し、原告適格を広く認めるべきとする立場からは、法的保護に値する利益説が出されている。大浜啓吉『行政裁判法　行政法講義II』岩波書店、151頁。
3　住民が道路を自由に使用する利益は、道路法に基づき市道が一般公衆の用に供されている結果としてもたらされた反射的利益に過ぎない（岐阜地裁昭和30年10月14日判決行集6巻10号2370頁）。これに対し、第一種市街地再開発事業において借地権者も権利変換の対象となるが、宅地所有者は借地権が存在しなければ借地権価格が差し引かれない、権利変換処分が有利に働くことを期待できる。最高裁平成5年12月17日判決民集47巻10号5530頁は、この理を認めて、借地権者に対する権利変換処分の取消しを求めた宅地所有者の原告適格を認めた。

基づく免許の付与ないし更新が適切に行われることにより取引関係者が受ける利益は、原則として国家賠償法上保護に値しないという判断しているものとみられ、反射的利益論的思考をとっているとの指摘がある[4]。

　こうした最高裁の判断に対し、学説には「正当というべきであろう」とするもがある一方で[5]、宅建業法は、購入者等の利益の保護を明示的に目的としていること（１条）、営業保証金の供託を義務付けていること（25条、26条）、取引関係者に損害を与えたり、そのおそれが大であるときに、宅建業者に対し必要な指示等をする権限を行政庁に与えていること（65条）など、取引関係者の利益を保護する規定を置いていることからみて、免許や更新に関しても、取引関係者を保護範囲外とすることには「疑問が残る」とする有力な見解がある[6]。

(3)　第三者物件の売買

　宅建業法の1970（昭和55）年第12次改正により、33条の２（自己の所有に属しない宅地又は建物の売買契約締結の制限）が新設され、本件のように宅建業者が自己の所有に属しない物件を自ら売主となって売買契約を締結する行為は、原則的に禁止された。

　本件のような、いわゆる手付売買が横行して、買主である一般消費者が被害を被る紛争が後を絶たず、買主が売主業者との売買契約を解除したり、損害賠償を請求しても、売主業者に資力が乏しく、買主が救済されない事案が多かったことに対応する立法である[7]。

(4)　免許の付与等と取引関係者との関係

　前述のとおり、宅建業法１条等によれば、宅建業の免許制度は、購入者等の利益の保護をも究極的な目的とはしているものの、宅建業務の適正な運営と取引の公正を確保することを直接的な目的としているものと解されるから、宅建業者の不正な行為により購入者等の取引関係者が被る損害の救済は、第一義的には、民法709条をはじめとする一般の不法行為規範に委ねられていると言える。

4　宇賀克也『別冊ジュリスト　行政判例百選Ⅱ［第7版］』236号456頁。
5　鈴木敏之『判例タイムズ臨時増刊主要民事判例解説』762号117頁。
6　宇賀前掲評釈457頁。
7　岡本・宇仁前掲書319頁。

　ただし、この法理は、免許権者は取引関係者に対し一切責任を負うことが
ないことまで含意するものではない。一定の場合に、不正な行為を行った業
者のみならず、免許権者もまた取引関係者に対し損害賠償責任を負うことが
あり得る。本件判決の「免許の付与ないし更新それ自体は、法所定の免許基
準に適合しないものであるとしても、その後にＡ社と取引関係を持つに至っ
たＸに対する関係で直ちに国家賠償法１条１項にいう違法な行為に当たるも
のではない」との判示は、事情によっては違法な行為に該当する可能性を認
めているものと解される。

　それでは、免許権者が責任を負う場合とは、具体的にどのような要件を必
要とするのであろうか。宅建業者が著しい不正を繰り返してきており、今後
も同様の不正を行う蓋然性が強く、免許権者がそれを予見できる客観的状況
にあったのに、これを看過して免許を更新したところ、宅建業者が従前同様
の不正を行った結果、取引関係者に損害を与えた場合のように、免許不適合
事由の程度が著しい場合においては、免許の付与・更新は取引関係者に対す
る関係においても宅建業法上の違法性を有すると認める余地があるとする見
解が参考になる[8]。

(5)　監督処分権限の不行使

　本件判決における二番目の論点は、免許権者の監督処分権限の不行使が国
家賠償法上の違法に該当するかというものである。

　国家賠償法１条１項にいう「公権力の行使」に不作為も含まれるとするこ
とについては異論がない[9]。問題は、本件事案のように、法令により公務員に
権限が与えられているが、その行使が公務員の裁量に委ねられている場合
に[10]、その不作為に関連する事案の被害者ではあるものの、その不作為の直
接の対象ではない第三者国民に対して国家賠償法上違法となることがある
か、あるとしたら、それはいかなる要件の下においてであるかということで
ある。

　最高裁が昭和46年11月30日判決（民集25巻８号1389頁）において土地区画
整理事業の施行者が仮換地上の建物の移転除去を怠った不作為につき土地所

8　鈴木前掲評釈117頁。
9　大浜前掲書393頁。
10　知事の右権限の行使が専門的判断に基づく合理的裁量に委ねられていることは、本件判決も指摘
　するとおり、宅建業法65条２項及び66条９号等に照らし明らかである。

有者に対する国家賠償法上の責任を認めたのを契機として、規制行政や監督行政の場面において被害を受けた第三者国民に対する行政主体の危険管理責任等を問う裁判例が多数現れ、違法性を肯定した例も少なくない[11]。

　判例、学説には大きく二つの流れがあるとされる[12]。その一つは、一定の要件を定立した上で判断するものであり、危険の切迫、予見可能性、回避可能性、補充性、国民の期待等の一定の要件のある場合に、行政主体の裁量権が収縮後退して、権限行使が義務化されるとする裁量収縮論[13]に依拠するものが多い[14]。

　他の一つは、違法となる場合についての具体的な要件を定立せずに、個別具体的な事情の下において、権限行使を行政庁に委ねた趣旨・目的に照らし、その不行使が著しく不合理と認められるか否かを基準に総合考慮して判断するものであり、裁量権消極的濫用論と呼ばれる[15]。

　免許権者が監督処分権限を適時に行使していれば、被害を免れる者がいるのは当然である。それと同時に他方で、性急な処分はかえって多数の取引関係者の利益を損なうことにもなりかねないので、比例原則や平等原則に十分配慮することが要請される[16]。また、免許制度の趣旨・目的に照らし、取引をする者自身の守備範囲に属する部分も多く、権限行使が本来個々の被害の防止、救済にとって補充的な地位を占めているという事情も無視しえないとする指摘も説得力がある[17]。

11　最高裁昭和57年1月19日判決（民集36巻1号19頁）、最高裁昭和59年3月23日（民集38巻5号475頁）等。

12　鈴木前掲評釈117頁。

13　原田尚彦『法学教室』54号70頁ほか。

14　福岡地裁小倉支部昭和53年3月10日判決（判例時報881号17頁）、東京地裁昭和53年8月3日判決（判例時報899号48頁）、東京地裁昭和57年2月1日判決（判例時報1044号19頁）、福岡高裁昭和61年5月15日判決（判例時報1191号28頁）、神戸地裁昭和61年3月31日判決（判例時報1207号96頁）、東京地裁昭和63年11月15日判決（判例自治58号38頁）などがあり、最後の2つの判決は、いずれも知事の宅建業法上の監督権限の不行使に違法がないとしたものである。

15　大阪地裁昭和49年4月19日判決（判例時報740号3頁）、東京高裁昭和51年4月28日判決（判例時報816号49頁）、福島地裁白河支部昭和58年3月30日判決（判例時報1075号28頁）、神戸地裁昭和63年11月28日判決（判例自治58号42頁）。神戸地裁の判決は知事の宅建業法上の監督権限の不行使に違法がないとしたものである。もっとも、裁量収縮論が挙げた要件の幾つかを考慮しながら、最終的には不行使が著しく不合理か否かを基準とするものもある。東京地裁昭和60年3月27日判決（判例時報1148号3頁）、大阪高裁昭和60年12月23日判決（判例時報1178号27頁）。

16　明石三郎・椙征一・磯野英徳・上原洋允・岡本正治『詳解宅地建物取引業法』大成出版社、439頁。

17　本件判決を解説した『判例時報』1337号49頁2〜3段目。

5．本件判決の意義

(1) 免許制度と取引関係者の基本的関係

本件判決は、宅建業の免許制度は、購入者等の利益の保護をも究極的な目的とはしているものの、宅建業務の適正な運営と取引の公正を確保することを直接的な目的としているものと解されるから、宅建業者の不正な行為により購入者等の取引関係者が被る損害の救済は、一次的には一般の不法行為規範に委ねられていることを、最高裁としても初めて確認したという意義を有する。

ただし、この点については、4．(1)、(2)で述べたとおり、宅建業の免許制度において取引関係者を保護範囲外とすることに疑問の余地がある。

(2) 免許権者の行為が違法となる場合

他方、4．(4)でも述べたとおり、本件判決は、法定基準に適合しない免許の付与・更新が「直ちに国家賠償法1条1項にいう違法な行為に当たるものではない」と判示しているので、事情によっては違法な行為に該当する可能性を認めているものと解する余地がある[18]。

ただし、本件判決は、法所定の免許基準に適合しない免許の付与等が、取引関係者に対する関係において国家賠償法1条1項にいう違法な行為に当たるのはどのような場合であるかについては、何ら判示していないので、違法性の要件や判断基準の具体的な内容の解明は今後の事案に俟つほかはない[19]。

(3) 監督権限の不行使

本件判決は、宅建業者に対する知事（免許権者）の監督処分の権限不行使に関する最高裁の初めての判断である。

そして、4．(5)で述べた裁量収縮論を採用せず、権限不行使を違法と認めるための要件の定立もしくは例示を何らしない総合的な判断方法を採用した

18　田村悦一『民商法雑誌』104巻4号76頁は、「この違法状態が宅建業法の趣旨、目的からみていかなる評価をうけるべきものかについては、なお検討の余地があったというべき」、「免許の付与等の違法を不問にすることに疑問が残る」と指摘する。

19　田村前掲評釈81頁は、「悪徳商法など取引の不公正にかかる国家賠償請求は、今後ますます増加するであろうが、この権限行使期待可能性ならびに国民の側での回避可能性の基準の具体化が重要な論点」であるとする。

点に特徴がある。

　最高裁の考え方によれば、免許制度が宅建業務の適正な運営と取引の公正を確保することを直接的な目的とし、当該取引関係者の保護はあくまで間接的な目的に過ぎないとする以上、免許権者に免許の取消等の監督処分権限を付与した趣旨・目的も、第一義的には公正な取引の確保等にある。

　しかも、この権限の行使は、免許権者の合理的な裁量に委ねられているのであるから、最高裁の考え方に沿う限り、その不行使が当該取引関係者に対する関係で違法と評価されるには、相当に厳しい要件が必要とされることとなろう。

　ただし、この点についても学説の批判がある[20]。

6. 宅建行政上の留意点

　宅地建物取引業法を所管する行政庁にとって、本件判決が宅建業法上の裁量を広範囲に認めたものであるとか、宅地建物取引業者の取引の相手方に対する責任が、行政処分の直接の相手方に比して相対的に大きく軽減されるとの理解をもたらすとすれば、それは妥当ではない。

　本件判決に対する学説の批判や指摘も踏まえ、再整理すると、行政庁としての留意点を次のようにまとめることができよう。

　第一に、宅建業法1条に規定する法の直接目的である「取引の公正」は、全ての取引関係者について確保されるべきことから、免許の付与等に際しても、その点につき十分な配慮が求められる。宅建業者の相手方の被害は、事後的に民事上の手続により解決されるべき、あるいは事前の行政上の対応は消費者契約法など他の法令に委ねられるべきといった発想は慎むべきである。

　第二に、監督権県の不行使については、適法に免許の付与等がされた場合に宅建業者の相手方に生じた被害と、違法に免許の付与等がされた場合の被害を同列に論じるべきではない。後者の場合、免許の付与等と被害の発生との間の相当因果関係を究明し、それが認められるときは、行政庁の監督権限の不行使を違法と評価すべきである。

20　西埜章「宅地建物取引業法上の監督と国家賠償責任」『増刊ジュリスト　平成元年度重要判例解説』957号53頁は、免許が適法になされた場合と違法になされた場合と同列に論ずることはできない旨を指摘するとともに、同54頁で本件事案における免許権者の対応に対しても「違法免許に端を発し、免許取消に至るまでの行政側の対応には積極的に評価し得るほどのものは見当たらない」とする。

7．本件判決に関する評釈

- 鈴木敏之『判例タイムズ臨時増刊主要民事判例解説』762号116頁以下
- 篠原勝美『最高裁判所判例解説　民事篇（平成元年度）』法曹会、404頁以下
- 篠原勝美『法曹時報』法曹会43巻 2 号223頁以下
- 篠原勝美『ジュリスト』953号94頁以下
- 西埜章「宅地建物取引業法上の監督と国家賠償責任」『増刊ジュリスト　平成元年度重要判例解説』957号52〜54頁
- 宇賀克也『別冊ジュリスト　行政判例百選Ⅱ［第 7 版］』236号456〜457頁
- 宇賀克也「【特集・行政法の新判例15選】免許の違法な付与及び規制権限の不行使」『法学教室』134号20頁以下
- 中原茂樹「特集　行政法判例を読み込む　Ⅲ　規制権限の不行使と国家賠償責任」『法学教室』383号24頁以下
- 橋本博之「【時の判例】〔行政法〕規制権限の不行使と国家賠償法上の違法性―最二小判平成元・11・14」『法学教室』116号106頁以下
- 二子石亮・鈴木和孝「規制権限の不行使をめぐる国家賠償法上の諸問題について―その 1 」『判例タイムズ』1356号 7 頁以下
- 古城誠「判例評論383号51頁」『判例時報』1364号213頁以下
- 田村悦一『民商法雑誌』104巻 4 号68〜81頁
- 藤原淳一郎『法学セミナー』428号122頁
- 栗田哲男「私法判例リマークス1991（上）」 2 号74頁
- 斎藤隆『法律のひろば』44巻 9 号24頁

取引当事者の一方からのみ仲介の委託を受けた宅地建物取引業者の他方当事者に対する報酬請求権の有無

（昭和50年12月26日最高裁第二小法廷判決）

判決のポイント

売主又は買主の一方からのみ仲介の委託を受けた宅地建物取引業者の仲介行為によって契約が成立した場合において、当該業者が委託を受けない当事者（非委託者）に対し商法512条に基づく報酬請求権を取得するためには、客観的にみて非委託者のためにする意思を持って仲介行為をしたと認められることを要し、単に委託者のためにする仲介行為の反射的利益が非委託者に及ぶだけでは足りないとされたこと。

当事者の関係図

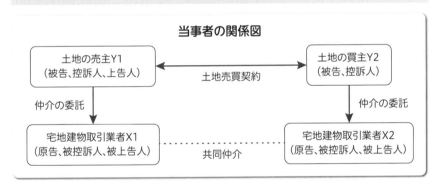

1．事案の概要

❶土地の売主Ｙ１（被告、控訴任、上告人）は、売却の仲介を宅地建物取引業者Ｘ１（原告、被控訴人、被上告人）に依頼した。

❷Ｘ１は、Ｘ２を含む近所の不動産業者に連絡をなし買主の周旋紹介方を依頼するとともに、自らも買主を探索していたところ、Ｘ２は、かねてより顔見知りのＹ２に本件土地の購入を申し入れ、Ｙ２はＸ２に対し本件土地の購入を希望し、売買の斡旋を依頼し、報酬を支払うことを約した。この際、報酬を少し割引するよう求めた。

❸Ｘ１は、本件土地現場においてＹ１にＸ２を紹介し、Ｘ１とＸ２もＹ１から

売却幹旋の依頼を受けた。よってＸ１とＸ２は共同して売買の幹旋をなすことを約した。

❹Ｘ１は主としてＹ１と交渉し、Ｘ２は主としてＹ２と交渉し、本件土地の売買契約締結を進めたところ、価格の点で妥結するに至らず、後日互譲した価格を提示して契約を締結することにした。

❺その後、Ｘ１とＸ２は、Ｙ１とＹ２双方に対し契約締結の促進を求めたが、Ｙ１は暫く待ってくれとの対応を続けた。

❻その間、Ｙ１とＹ２は、Ｘ１とＸ２を除外して秘かに交渉を進め、売買契約を締結し、所有権移転登記を経由していることをＸ１とＸ２は知った。

❼そこで、Ｘ１とＸ２はＹ１とＹ２を相手取って本件土地の売買契約締結に対する報酬金の支払いを求めて訴えを提起した。

2．第一審判決・第二審判決

(1) 第一審判決

　　第一審は、Ｘ１とＸ２の主張を認め、Ｙ１とＹ２に対し、それぞれＸ１とＸ２両名に対し50万円を支払うよう命じた（昭和43年10月22日福岡地裁判決、ウェストロージャパン）。

(2) 第二審判決

　　Ｙ１とＹ２が控訴したところ、控訴審は次のように判示した（昭和45年9月7日福岡高裁判決、ウェストロージャパン）。

❶認定の事実関係をみれば、本件当事者間の売買契約締結に至る直接交渉が従前のＸ１とＸ２による仲介の結果を基礎としてなされたことは充分推認でき、Ｘ１とＸ２の仲介と本件売買契約成立との間に相当因果関係があることを肯認することができる。

❷Ｘ１とＸ２の仲介あっせんの中止、委任の解約は、Ｘ１とＸ２の責に帰すべき事由によらない交渉行詰りのためと認められるから、Ｘ１とＸ２はＹ１とＹ２に対し信義則上相当と認められる報酬を請求し得ると解するのが相当である。

❸Ｘ１とＹ２、Ｘ２とＹ１との間には直接の委任関係がないが、認定の事実関係によればＸ１とＸ２は不動産取引業者として夫々共同し分担を定めて仲介を行い、直接の委任関係にない他方依頼者もその利益を享受したもの

であるから、Ｙ１とＹ２が特にあらかじめ共同仲介を拒否していた等特段の事情がない限り、Ｘ１とＸ２は夫々直接の委任関係がない他方依頼者たるＹ１とＹ２に対してもその報酬を請求し得ると解するのが相当である。

3. 最高裁判決

　Ｙ１が上告したところ、最高裁は次のように判示した（昭和50年12月26日最高裁二小判決、判例タイムズ332号193頁、判例時報802号107頁）。

❶宅地建物取引業者は、商法上の商人であるから、その営業の範囲内において他人のためにある行為をしたときは、同法512条の規定によりこの他人に対し相当の報酬を請求しうるが、宅地建物取引業者が売主又は買主の一方から、不動産の売却又は買受けの仲介の委託を受けたにすぎない場合においては、たとえその仲介行為によって売主又は買主とその相手方との間に売買契約が成立しても、宅地建物取引業者が委託を受けない相手方当事者に対し同法512条に基づく報酬請求権を取得するためには、客観的にみて、当該業者が相手方当事者のためにする意思をもって仲介行為をしたものと認められることを要し、単に委託者のためにする意思をもってした仲介行為によって契約が成立し、その仲介行為の反射的利益が相手方当事者にも及ぶというだけでは足りないものと解するのが相当である。

❷これを本件についてみると、Ｘ１とＸ２が宅地建物取引業者として共同し、分担を定めて仲介を行い、その結果として本件取引が成立したとする原判示の事実のみでは、Ｘ２の右仲介行為は、委託関係にないＹ１との関係においては、委託者であるＹ２のためにする意思をもってした仲介行為の反射的利益が及ぶにすぎないものというべきであるから、右判示の事実から直ちにＸ２のＹ１に対する本件報酬請求を認容した原判決には、商法512条の解釈、適用を誤り、ひいては審理不尽ないしは理由不備の違法があるものというべく、その違法は結論に影響を及ぼすことが明らかである。この点に関する論旨は理由があり、原判決中Ｘ２のＹ１に対する本訴請求を認容した部分は破棄を免れず、さらに審理を尽させるため、本件を原審に差し戻す必要がある。

4．解　説

(1)　仲介の法律上の位置づけ

①　仲立

　　仲介は、法律学用語では仲立と言い、商人間の取引を仲立するのが商事仲立、当事者の少なくとも一方が一般人の場合は民事仲立と呼ぶ。ドイツ法には商事仲立、民事仲立に関する規定があるが、日本では商法において第2編第5章仲立営業543～550条に商事仲立に関する規定があるほか、保険業法に保険仲立人の語が見られる程度である[1]。

②　準委任

　　不動産の取引契約は法律行為であるが、その成立のために行う行為である仲介は事実行為であり、取引当事者が宅地建物取引業者に仲介を依頼する行為は事実行為の委託と位置付けられ、民法の委任に関する規定が準用される。

③　宅地建物取引業法

　　制定当時の宅地建物取引業法（以下「宅建業法」）は、取締法規としての性格が色濃く、報酬に関する取締規定はあっても、仲介契約そのものに対する規制は存しなかったため、ほとんどの仲介行為は口頭で行われ、極めて曖昧な契約関係であり、数多くの紛争が発生した。

　　そこで、米国の不動産流通業における open listing、exclusive agency listing、exclusive right to sell listing を参考にしつつ、宅建業法第8次改正（昭和55年5月21日法律56号）により媒介契約・代理契約の規制を行い、契約の書面化を義務付け、一般媒介契約と専任媒介契約の2タイプを導入した。当時は、専属専任媒介契約は消費者に不利な特約として認められなかったが、その後の専任媒介契約の普及を踏まえ、宅建業法第10次改正（昭和63年法律27号）により専属専任媒介契約が導入されたことにより、昭和期の最後になってようやく米国並みの3方式が整備されたのである。

　　また、宅建業法34条（取引態様の明示）は、宅建業者が不動産取引の広告をしたり、注文を受けたときは、自己の立場（当事者、代理人、媒介）を明示しなければならないこと、同法34条の2（媒介契約）は、宅建業者

1　明石三郎『不動産仲介契約の研究』一粒社、1987年参照。

が媒介契約を締結したときは、媒介契約の内容を書面化して交付しなければならないことを規定している。

　もとより、これらの規定はいわゆる取締法規であるから、取引態様の不明示、口頭による仲介契約、書面の不交付といった事由が仲介契約の効力を直接左右するわけではない。しかし、宅建業法の一連の改正により、仲介行為に関する方式性・様式性が高まりつつあることに留意する必要があろう。

(2)　宅地建物取引業者の商法上の位置づけ

　宅建業者は、商法543条にいう他人間の商行為の媒介を業とする商事仲立人ではなく、民事仲立人というべきであるとするのが学説・判例である[2]。

　しかし、宅建業者が仲介する宅地建物取引には、1）個人間の取引、2）商人（業者）と個人の間の取引、3）商人間の取引の三つの類型があり、3）は明らかに商行為であるから[3]、その仲介は紛れもなく商事仲立である。すなわち、宅建業者の立場は取引当事者の類型により民事仲立人の場合と商事仲立人の場合とがありうるものと理解すべきである[4]。

(3)　宅地建物取引業者の報酬請求権

　商法512条（報酬請求権）は、商人がその営業の範囲内において他人のためにある行為をしたときは、相当の報酬を請求しうると規定しているが、ここでいう「他人のため」とは、その行為の法律上又は事実上の効果がその他人に帰属することで、行為が委任によると否とを問わず、事務管理による場合も含めるのが学説の多数説とされる[5]。

　ただ、宅建業者に商法512条を機械的に適用した場合、全く予期しない業者より報酬請求を受けるという事態もあり得る。特に、不動産取引の類型が前記3）の商人を相手とするものではなく、1）、2）のように多分に一回的な一般人を対象とする場合には問題であり、購入者の保護と宅地建物の流

---

[2]　本件判決に関する判例時報802号の解説、108頁。
[3]　商法543条（附属的商行為）1項は、商人がその営業のためにする行為は、商行為とすると規定している。
[4]　宅建業法の最近の改正により、取引当事者が業者である場合の重要事項説明義務の一部緩和が行われたが、これは単なるプロ向け規制緩和ではなく、宅建業者の仲介行為が民事仲立と商事仲立の二つの場合があることを反映した改正であるとも理解できる。
[5]　西原寛一『商行為法』有斐閣、1973年、117頁ほか。

通の円滑化を図る宅建業法の趣旨にも反することとなる。

委託を受けない仲介業者の報酬請求権については、学説上は積極説と消極説とがあり、裁判例も分かれている[6]。

［積極説］　学説には、宅建業者の営業につき、民事仲立と商事仲立とを実質上区別する理由に乏しく、仲立人の報酬請求を規定する商法550条2項により当事者双方に請求し得るとする説[7]、宅建業者は、公平な立場に立って尽力し、契約が成立した場合には双方が利益を受けるから、双方で報酬を分担するのが公平であるとする説がある[8]。

委託を受けない仲介業者の報酬請求権に関する最高裁判決としては、最三小判昭和43年4月2日（民集22巻4号803頁）は、買主との間に明示の媒介契約がされなくとも、黙示の媒介契約がされたものと解することができるとして商法512条により報酬請求権を認め、最一小判昭和44年6月26日（民集23巻7号1264頁）は、宅建業者は、売主からの委託を受けず、かつ、売主のためにする意思を有しないでした売買の媒介については、売主に対し報酬請求権を有しないと判示した[9]。

下級審判決について本件判決の前後に分けて整理すると、（表―1）と（表―2）のようになる。

まず、（表―1）に示すように、本件判決以前は商事仲立の報酬に関する商法550条2項を類推適用して報酬請求権を認めるのが通例であった。

それが、本件判決が商法512条に基づく報酬請求権の要件を判示したことを受けてか、表2に掲げるように、本件判決以後の下級審判決は報酬請求権の根拠を商法512条に求めるようになっている。そして、これらの中で報酬請求権を認めた下級審判決のうち東京高裁の2件は本件判決の判示に沿って判断しているが、名古屋地裁は異なる理由で報酬請求権を認めているのが注目される。

6　岡本三郎・宇仁美咲『［詳解］不動産仲介契約』大成出版社、2012年は、第8章仲介業者の報酬請求権第7非委託者に対する報酬請求権の節でこの問題について詳細に論じているので参照されたい。

7　西原・前掲書287頁。

8　明石三郎『判例評論』180号、2頁。

9　最高裁昭和44年判決については、売主のためにする意思を有してした媒介行為については、事務管理による報酬請求権を認めうる余地のあることを示唆するものと解することができるとする解説がある（柳川俊一「判例解説昭和44年度上」355頁）。しかし、民法は、事務管理については、委任に関する648条のような規定を置いていないため、管理者の本人に対する報酬請求権を認めることは条文上は困難であろう。

（表—1）　本件判決以前に報酬請求権を認めた下級審判決

事　例	報酬請求権の根拠	理　由	特徴的な事実
東京地判昭和36年10月20日（下民集12巻10号2490頁）	商法550条2項	媒介の利益を享受する者は、その性質上、ひとり委託をなした当事者のみでないことに徴し、当然	契約当事者が仲介業者を故意に除外して直接取引
東京地判昭和39年10月22日（判例タイムズ170号237頁）	商法550条2項	不動産取引業者は必ずしも商法上の仲立人ではないが、不動産仲介営業の本質に照らし、これを商法上の仲立人と別異に取扱う合理的根拠はない	不　明
京都地判昭和42年9月5日（判例時報504号79頁）	商法550条2項	仲立営業に関する商法の規定は、商人の行なう媒介行為の性質に由来するものである	売主側業者と買主側業者の共同媒介行為により契約が成立
大阪地判昭和44年3月28日（判例タイムズ239号274頁）	商法550条2項	仲介による利益を享受する者は、その性質上、委託をした当事者のみに限らないから	特になし

（表—2）　本件判決以後に報酬請求権を認めた下級審判決

事　例	報酬請求権の根拠	理　由	特徴的な事実
東京高判昭和56年8月31日（判例時報1018号117頁）	商法512条	委託者の利益のためにのみ仲介に当たったのではなく、売主及び買主の双方の立場を尊重しつつ、妥当な条件の下に売買契約を成立させるべく努力し、それを実現させたものと認められるから、客観的にみても非委託者のためにする意思をもって仲介行為をした	仲介業者は非委託者に本件土地の売却を勧めて同人にその決意をさせたうえ、両者の間に立って売買条件の調整に努めた結果、その売買契約を成立させるに至った
東京高判昭和60年12月25日（判例時報1179号125頁）	商法512条	比較的公平な立場において双方の利害を調整し、非委託者の要望をも斟酌して仲介行為を行ったこと、非委託者は仲介業者の仲介活動を十分に認識し、かつある程度の評価もしており、そのうえで契約当事者の双方が仲介人に手数料を支払う旨の書面に署名押印したことから、仲介業者は非委託者のためにも仲介行為を行ったことが客観的にみて明らか	同　左
名古屋地判昭和61年12月26日（判例時報1229号125頁）	商法512条	・非委託者は、仲介業者の非委託者のためになされた仲介行為を自己の利便のために利用し、契約の成立を得た	交渉の途中から相手方の仲介業者のみを関与させて、もっぱら当事者が直接交渉

		・仲介行為が宅建業者の営業とし てなされたことを非委託者は認 識していた	した

［消極説］　民事仲立は準委任であるから、委託関係が存在しない以上、報酬
請求権はないとする説がある[10]。

報酬請求権を認めない裁判例としては、東京高判昭和38年6月29日（判例
タイムズ148号70頁）、横浜地判昭和40年4月22日（判例タイムズ178号165
頁）、宮崎地都城支判昭和42年2月24日（下民集18巻1・2号166頁）があ
る[11]。

5．本件判決の意義

(1)　非委託者に対する報酬請求権の要件

本件判決は、前記最高裁昭和44年判決が示した、非委託者のためにする意
思をもって仲介した場合には、報酬請求権を取得できる余地があるという趣
旨をより明確化して、単なる反射的利益にとどまらず、積極的に非委託者の
ためにする意思をもって仲介行為を実施した結果、契約が成立したことが客
観的に認められる場合に報酬請求権を認める余地があると判示したものであ
る。

つまり、非委託者のためにする宅地建物取引業者の意思という主観的要件
のみならず、仲介行為が非委託者のためにされたことが客観的に認められな
ければならないという客観的要件をも要することを示した点に意義がある。

(2)　本件判決の射程

本件判決は、現在のような仲介契約の類型が制度化される前の事案である
ので、仮に今日の時点においてこれと同様の事実関係が発生した場合には、
まず、その事案に適用されるべき仲介契約の類型を決定した上で、それに対
応した報酬請求権の有無を検討することになると解される。

そして、非委託者に対して報酬請求が認められるか否かは、宅地建物取引
業法の規定を踏まえ、個別的事案に照らして検討する必要があろう[12]。

10　中川善之助『判例評論』27号、124頁。
11　本文で紹介した裁判例以外の事例については、不動産適正取引推進機構「報酬請求権に関する判
　　例の要点」平成2年を参照されたい。
12　岡本・宇仁前掲書768頁。

この場合、4．(1)で述べたように、宅建業法の規定が仲介行為の方式性・様式性を強化していることは、媒介契約に関する書面が交付されていない当事者間において仲介契約の成立を認める余地を狭める方向に作用するものと考えられ[13]、また、これらの者の間に報酬請求権を認める余地も狭める方向に作用するものと考えられる[14]。

(3) 報酬請求権が認められる場合

以上のように解すると、現行制度において報酬請求権が認められる場合としては、a）契約当事者が仲介業者に対する報酬支払を免脱するために、契約交渉中に仲介契約を解除・解約して、契約を直接締結した場合[15]、b）仲介業者が行った仲介業務により提供された情報その他の成果を非委託者たる契約当事者が自己のために積極的に活用し、その結果を反映した契約内容で契約締結に至った場合のように[16]、仲介報酬の成功報酬たる性質にも鑑み、信義則上明らかに、仲介業者が報酬を得るべき、あるいは非委託者が報酬を支払うべきと認められる場合が挙げられよう。

そして、その際の条文上の根拠は、本件判決以前の下級審判決に見られるような商法550条2項の類推適用ではなく、本件判決及びその後の下級審判決のように、商法512条に求めるべきであると考えられる。

その理由は、不動産取引の仲介は民事仲立であると法性決定をしておきながら。その成果に対する報酬の請求根拠を商事仲立の報酬請求権の根拠規定である商法550条2項に求めるのは、いささか乱暴な論理のように感じられるからである。

4．(2)で述べたように、宅建業者が行う仲介行為の法性は、取引当事者の属性（商人か非商人か）に応じ、商事仲立の場合と民事仲立の場合、いずれもあり得るのであるから、報酬請求権の根拠は商法512条に求めることが相当であると考えられる。

結局、本件判決が示した主観的要件＋客観的要件という枠組みは今日にお

---

13 岡本・宇仁前掲書770頁。
14 前掲注9で記したように、事務管理の法理を用いると、ストレートに報酬請求権を認めることは困難になる。ただし、実務では民法702条の本人への費用償還請求権を広く認めることによって対応していることを踏まえ、宅建業者の非委託者に対する報酬請求権を認める場合の論理構成において、事務管理の費用償還請求権の実例の積み重ねを参考にできるかもしれない。
15 本件判決のようなケース。
16 名古屋地判昭和61年12月26日（判例時報1229号125頁）のようなケース。

いても維持されるが、その間の宅建業法の仲介規定の充実などを加味すると、非委託者に対する宅建業者の報酬請求権が認められる余地は限定的になりつつあると解するのが相当であろう。

6．宅地建物取引業者としての留意点

　非委託者に対する宅地建物取引業者の報酬請求権が成立する余地があることを最高裁が認めたことをもって、宅建業者として報酬を獲得できる機会が増加したものと単純に受け止めてはならないであろう。

　宅地建物取引業法の規定が仲介行為の方式性・様式性を強化していることを、十分に理解した上で、標準媒介契約書に則り、適切な内容の媒介契約書を締結して、報酬に関する約定を顧客との間で明確にしておくという不動産取引実務の基本を遵守することが改めて求められる。

　最後に、蛇足ではあるが、本件の背景にはいわゆる両手仲介という日本独自の慣行がある。TPP や RCEP が発効するなど不動産取引を含むあらゆる経済取引がグローバル規模で自由化されつつある現在、こうした慣行や判決の論理は国際的な観点から見直されるかもしれない。

7．本件判決に関する評釈

・判例タイムズ332号　193頁
・青竹正一『増刊ジュリスト昭和50年度重要判例解説615号』有斐閣、昭和51年6月25日
・牧山市治『最高裁判所判例解説　民事篇（昭和50年度）』一般財団法人法曹会、昭和54年6月25日、662頁
・安永正昭「〈新判例評釈460〉売主又は買主の一方からのみ仲介の委託を受けた宅地建物取引業者の委託を受けない当事者に対する報酬請求権」判例タイムズ336号119頁

判例　9　／09
営業保証金の取戻請求権の消滅時効の起算点
（平成28年 3 月31日最高裁第一小法廷判決）

判決のポイント

宅地建物取引業法第30条第 1 項前段所定の事由が発生した場合において、同条第 2 項本文所定の公告がされなかったときは、営業保証金の取戻請求権の消滅時効は、当該事由が発生した時から10年を経過した時から進行するとされたこと。

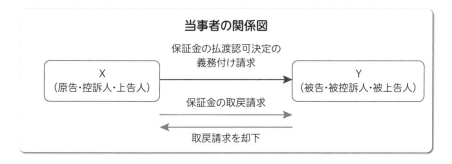

当事者の関係図

保証金の払渡認可決定の義務付け請求

X（原告・控訴人・上告人） → Y（被告・被控訴人・被上告人）

保証金の取戻請求

取戻請求を却下

1．事案の概要

　本件は、宅地建物取引業（以下「宅建業」という。）の免許の有効期間が満了したXが、宅地建物取引業法（以下「宅建業法」という。）第25条第 1 項に基づき供託した営業保証金（以下「本件保証金」という。）につき、同法第30条第 1 項に基づき取戻請求をしたところ、東京法務局供託官から、本件保証金の取戻請求権（以下「本件取戻請求権」という。）の消滅時効が完成しているとして、取戻請求を却下する旨の決定（以下「本件却下決定」という。）を受けたため、Y（国）を相手に、本件却下決定の取消し及び上記取戻請求に対する払渡認可決定の義務付けを求めた事案である。

　本件の事実関係は、以下の通りである。

❶Xは、平成元年 3 月31日付けで、東京都知事から宅建業法第 3 条第 1 項に基づき宅建業の免許を受け、同法第25条第 1 項に基づき1,000万円の本件保証金を同年 6 月13日付けで東京法務局に供託した。

❷Xの宅建業の免許の有効期間は、平成10年3月31日をもって満了した。

❸その後、Xは本件保証金につき取戻公告をせず、また、本件保証金に対して還付請求権が行使されることもなかった。

❹Xは、平成25年9月20日、東京法務局供託官に対し、本件保証金につき、供託原因消滅を理由として取戻請求を行った。

❺同供託官は、同年10月1日付けで、Xに対し、本件取戻請求権の消滅時効の起算点は平成10年4月1日から6か月を経過した日であり、取戻請求の時点でその日から既に10年以上が経過しているとして、本件取戻請求権の消滅時効が完成していることを理由に、本件却下決定をした。

2．第一審判決・第二審判決

(1) 第一審判決

　Xが、本件取戻請求権の消滅時効の起算日は、免許の有効期間満了から10年が経過した時であり、本件取戻請求時において本件取戻請求権の消滅時効は完成していないとして、東京法務局供託官が所属するY（国）に対し、本件却下決定の取消しを求めるとともに、却下された供託金払渡請求に係る供託金の払渡しの義務付けを求める訴えを提起したところ、第一審は、以下の通り述べて、Xの請求を却下した（平成27年1月29日東京地裁判決、裁判所ウェブサイト、ウェストロージャパン）。

❶営業保証金取戻公告をする方法を選択しない場合であっても、仮にXが本件で取戻事由発生後直ちに営業保証金取戻公告を行っていたとしても当該公告がされてから6か月の期間内に保証金に権利を有する者からの申出がなかったであろうと認め得るだけの事情があるならば、当該期間経過時点において取戻請求権の行使が可能であったというべきであり、同時点から時効が進行を開始していたものと解するのが相当である。

❷Xは、平成10年3月31日をもって宅建業免許の有効期間が満了しているから、同年4月1日には、公告で定め得る最低限の期間である6か月を権利申出をするために必要な期間と定めて営業保証金取戻公告をし、この6か月を経過した日の翌日である平成10年10月2日から現実に本件取戻請求権を行使することが可能であり、この日から本件取戻請求権の消滅時効が進行すると解するのが相当である。そうすると、それから10年が経過をした翌日である平成20年10月2日をもって本件取戻請求権の消滅時効が完成し

ている。

(2) **第二審判決**

Xが控訴したところ、第二審は、要旨次のとおり判断し、Xの請求を棄却した（平成27年6月17日東京高裁判決、裁判所ウェブサイト）。

ア）宅建業者であった者等は、取戻公告をし、その公告期間が経過したことに加え、公告期間内の申出に係る還付請求権が不存在であるか又は消滅したことにより、営業保証金の取戻請求権を法律上行使することができる。そして、取戻事由が発生した時点では、宅建業者としての取引は行われており、還付請求権の存否は既に法律上確定しているものというべきであるから、上記申出に係る還付請求権が存在しない場合には、取戻事由が発生し、最短の公告期間である6か月が満了した時点で、営業保証金の取戻請求権の行使は法律上可能になると解されるのであり、その時から同請求権の消滅時効は進行するものと解される。なお、宅建業法第30条第2項は、宅建業者であった者等に取戻公告をすることを義務付けるものではないが、このことは上記判断を左右するものではない。

イ）したがって、本件取戻請求権の消滅時効の起算点は、本件保証金の取戻事由が発生した平成10年4月1日から6か月が経過した時であり、上告人が本件保証金の取戻請求をした時点では、上記起算点から既に10年が経過しているから、本件取戻請求権の消滅時効が完成している。

3．最高裁判決

Xが上告したところ、最高裁は次のように判示して、第二審判決を破棄し、第一審判決を取り消した上、Xの請求をいずれも認容した（平成28年3月31日最高裁一小判決、民集70巻3号969頁、判例タイムズ1425号116頁、判例時報2301号62頁、金融法務事情2048号68頁、訴訟月報26巻11号1904頁）。

(1) 宅建業法に基づく営業保証金の供託は、民法上の寄託契約の性質を有するものであることから、その取戻請求権の消滅時効は、同法166条1項により「権利を行使することができる時」から進行し、同法167条1項により10年をもって完成するものと解される（最高裁昭和45年7月15日大法廷判決・民集24巻7号771頁参照）。そして、宅建業法30条1項前段所定の取戻事由が発生した場合において取戻公告がされなかったときは、宅建業者

であった者等は、同条2項の定めによれば、取戻事由が発生した時から10年を経過するまでの間、上記取戻請求権を行使することはできないこととなるのであるから、上記の間、上記取戻請求権の行使について法律上の障害があることは明らかである。

(2) 原審の判断は、宅建業者であった者等は取戻事由が発生すれば直ちに公告期間を最短の6か月と定めて取戻公告をすることができるから、取戻事由の発生時から6か月を経過すれば、取戻公告をしていないからといって、そのような法律上の障害を理由として営業保証金の取戻請求権に係る消滅時効の進行が妨げられるものではないとの解釈を前提としているものと解される。

　　しかし、宅建業法の定める営業保証金の制度は、営業上の取引による債務の支払を担保するための営業保証金を供託させることによって、その取引の相手方を保護すること等を目的とするものである（最高裁昭和37年10月24日大法廷判決・民集16巻10号2143頁参照）。そして、同法30条2項は、営業保証金の取戻請求ができる場合として、同項本文所定の場合と共に、同項ただし書所定の場合を定めている。同項本文は、宅建業者であった者等が早期に営業保証金を取り戻す利益とその取引の相手方の保護の必要性との調整を図るため、宅建業者であった者等が取戻事由の発生時から10年の経過を待たずして営業保証金の取戻請求をする場合に、6か月以上の公告期間を定めて取戻公告をするよう要求し、さらに、同公告期間内に還付請求権者からの申出がないか、又は、同公告期間内に申出があったが、その申出に係る権利につきその不存在若しくは消滅を書面により証明するか（同条3項の委任に基づく宅地建物取引業者営業保証金規則10条1号、2号参照[1]）、いずれかの要件を充足することを求めることにより、取引の相手方に対して還付請求権を行使する機会を確保することを目的とするものと解される。他方、同項ただし書所定の場合に取戻公告をしないで取戻請求ができることとされているのは、取戻事由の発生時から10年を経過した後は、その還付請求権を行使する機会を特に確保するまでの必要性がないことによるものと解される。

　　以上のような営業保証金及び取戻公告の制度趣旨等に照らすと、宅建業法30条2項の規定は、取戻請求をするに当たり、同項本文所定の取戻公告

1　現行の規則では第9条の第一号、第二号である。

をすることを義務的なもの又は原則的なものとする趣旨ではなく、取戻公告をして取戻請求をするか、取戻公告をすることなく同項ただし書所定の期間の経過後に取戻請求をするかの選択を、宅建業者であった者等の自由な判断に委ねる趣旨であると解するのが相当である。

　そうすると、取戻公告をすることなく取戻請求をする場合に、宅建業者であった者等は取戻事由が発生すれば直ちに公告期間を最短の6か月と定めて取戻公告をすることができることを理由として、取戻事由の発生時から6か月を経過した時から取戻請求権の消滅時効が進行すると解することは、上記の選択を宅建業者であった者等の自由な判断に委ねた宅建業法30条2項の趣旨に反するといわざるを得ない（最高裁平成19年4月24日第三小法廷判決・民集61巻3号1073頁、最高裁平成21年1月22日第一小法廷判決・民集63巻1号247頁等参照）。このことは、原審の解釈によれば、宅建業者であった者等が取戻公告をすることなく取戻請求をすることとした場合、取戻請求権を行使し得る期間は同項ただし書所定の期間経過後の僅か6か月間に限定され、その取戻請求権の行使につき重大な制約が課され得ることになることからも明らかである。

(3)　以上によれば、宅建業法30条1項前段所定の取戻事由が発生した場合において、取戻公告がされなかったときは、営業保証金の取戻請求権の消滅時効は、当該取戻事由が発生した時から10年を経過した時から進行するものと解するのが相当である。

(4)　これを本件についてみるに、上告人につき宅建業の免許の有効期間が満了し本件保証金の取戻事由が発生したのは平成10年4月1日であるところ、その後上告人は取戻公告をしていないため、本件取戻請求権の消滅時効は同日から10年を経過した時から進行し、本件保証金の取戻請求がされたのはその約5年6か月後である同25年9月20日であるから、本件取戻請求権の消滅時効が完成していないことは明らかである。

4. 解　説

(1) 営業保証金の取戻し

ア) 取戻し事由

　宅建業を廃業する等の事由により、営業保証金を供託しておく必要がなくなることがあるが、この場合には、供託してある営業保証金の払戻しを

受けることができる[2]。これを営業保証金の取戻しといい、宅建業法第30条は、その要件と手続きを定めるが、その内容は次の通りである[3]。

営業保証金の取戻しができるのは、次の7つの場合である（宅建業法第30条第1項）。

❶免許の有効期間が経過したが、更新を受けなかったとき

❷宅地建物取引業者の破産、法人の合併及び破産以外の理由による解散、宅建業の廃止の届出により免許が効力を失ったとき

❸宅地建物取引業者の死亡や法人の合併による消滅により免許の対象が存在しなくなり、免許の効力がなくなったとき

❹免許を受けた後、営業保証金の供託済届を提出しなかったため、免許取消処分を受けたとき

❺免許の取消処分を受けたとき

❻一部の事務所を廃止したことにより、営業保証金の額が所定の額を超えることとなったとき

❼金銭及び有価証券又は有価証券のみをもって供託している場合において、主たる事務所を移転し、最寄りの供託所が変更になったため、移転後の主たる事務所の最寄りの供託所に営業保証金を供託したとき

なお、上記の❶〜❺の場合には、従前宅建業者であった者又はその承継人が、❻及び❼の場合には、その宅建業者自身が取戻し請求権を有する。

イ）取戻し手続き

供託されている営業保証金について、宅建業法第27条第1項に基づく還付請求権を有する者がいる場合に、その者の知らない間に営業保証金の取戻しが行われてしまうと、その者が営業保証金から損害の賠償を受ける機会を失うので、その権利を実行する機会を与えることが必要である。

このため、営業保証金の取戻しをしようとする者は、「還付請求権を有する者は、債務者である宅建業者に免許を付与した大臣又は都道府県知事に対し還付請求権を有する旨を所定の期間内に申し出るべきこと」、「所定の期間内に申出書の提出がないときは、営業保証金が取り戻されること」等を公告しなければならない（宅建業法第30条第2項本文、宅地建物取引

2　営業保証金制度の趣旨については、岡元正治・宇仁美咲『三訂版［逐条解説］宅地建物取引業法』大成出版社、2020年、246頁以下参照。

3　周藤利一・藤川眞行『新版わかりやすい宅地建物取引業法』大成出版社、2019年、118頁以下参照。

業者営業保証金規則（以下「営業保証金規則」という。）第7条第1項、同条第2項）。

　　ただし、営業保証金を取り戻すことができる事由（前記ア）の❶～❼の事由）が発生してから10年を経過したとき又は前記ア）の❼の事由により営業保証金の取戻しをするときは、公告は不要である（宅建業法第30条第2項ただし書及び同項本文のかっこ書）。

ウ）営業保証金の取戻し

　　営業保証金の取戻しをしようとする者が公告をしたときは、遅滞なく、その旨を免許権者に届け出なければならない（営業保証金規則第7条第3項）。

　　公告で示された期間内に還付請求権を有する者の申出がなければ、その旨の証明書の交付を免許権者に請求し（営業保証金規則第8条第1項）、その証明書を供託物払渡請求書に添付することにより、供託所から営業保証金の取戻しを受けることができる（営業保証金規則第9条第1項、供託規則第22条、同規則第25条第1項）。

　　また、申出があった場合には、当該申出書各一通及び申出に係る債権の総額に関する証明書の交付を免許権者に請求し（営業保証金規則第8条第2項）、その証明書及び申出に係る宅建業法第27条第1項の権利が存在しないこと又は消滅したことを証する書面を供託物払渡請求書に添付することにより、供託所から営業保証金の取戻しを受けることができる（営業保証金規則第9条第2項、供託規則第22条、同規則第25条第1項）。

（図）　営業保証金の取戻し手続き

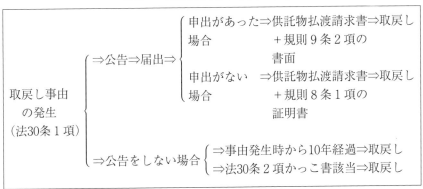

(2) 取戻し請求権の時効

　営業保証金の取戻しを供託所に請求する権利は、供託所（国）に対する債権であるから、民法が規定する消滅時効にかかる。すなわち、本件当時の規定では、第166条第１項により権利を行使できる時から進行し、第167条第１項により10年をもって完成する。そして、改正民法第166条第１項は、次のように規定している。

（債権等の消滅時効）

　第百六十六条　債権は、次に掲げる場合には、時効によって消滅する。

　　一　債権者が権利を行使することができることを知った時から五年間行
　　　使しないとき。

　　二　権利を行使することができる時から十年間行使しないとき。

　同項の第一号は改正法により新設された要件であり、従前の第166条第１項と第167条第１項が改正民法第166条第１項第二号にまとめられたことになる。

　ここで、当該条文にいう「権利を行使することができる時」とは、単にその権利の行使につき法律上の障害がないというだけでなく、さらに権利の性質上、その権利行使が現実に期待のできるものであることが必要と解するのが相当であるとするのが判例の示すところである[4]。

　そうすると、前記(1)アで説明した取戻し事由のいずれかに該当し、イ）とウ）の手続きを済ませた場合、その手続きが完了した時点において、上記判例にいう「法律上の障害がない」ことに加え、「権利行使が現実に期待できるもの」になっているので、供託所に対し営業保証金の取戻し請求手続きを行うことができ、それはすなわち、取戻し請求権の消滅時効が当該時点から進行を始めることを意味する。

　ところで、以上の説明は、公告が実施された場合を前提としている。

　これに対し、本件事案では公告は行われていない。公告が行われない場合における営業保証金の取戻し請求権の消滅時効は何時から進行するのかが、本件事案のポイントである。

4　最高裁大法廷昭和45年７月15日判決・民集24巻７号771頁。なお、民法改正により新設された第一号の「権利を行使することができる」の意義を従前からの規定である第二号の「権利を行使することができる」と別のものとして解すべき理由はないから、この判例が示す解釈は、改正民法においても引き続き適用されると考えられる。

(3) 公告がない場合の時効起算点

公告がない場合、宅建業者又は宅建業者であった者（その承継人を含む。以下「宅建業者等」という。）は、何時から供託所に対し取戻しを請求できるか、つまり、取戻し請求権の時効が進行し始めるのかという論点について、本件の被告である国の主張は、供託金の取戻事由発生後、権利申出公告で定め得る最低限の期間を経過した日から取戻請求権の消滅時効が進行するというものである。また、国は、営業保証金取戻公告をすることが義務付けられているという主張もしている。

これに対し、第一審は、取戻事由発生後直ちに営業保証金取戻公告を行っていたとしても当該公告がされてから6か月の期間内に保証金に権利を有する者からの申出がなかったであろうと認め得るだけの事情があるならば、当該期間経過時点において取戻請求権の行使が可能であったというべきであり、同時点から時効が進行を開始していたものと解するのが相当であるとした。

そして、第二審は、取戻事由が発生した時点では、宅建業者としての取引は行われており、還付請求権の存否は既に法律上確定しているものというべきであるから、上記申出に係る還付請求権が存在しない場合には、取戻事由が発生し、最短の公告期間である6か月が満了した時点で、営業保証金の取戻請求権の行使は法律上可能になると解されるのであり、その時から同請求権の消滅時効は進行するとした。

以上の解釈に対して、最高裁は3．で紹介したような判断を下したのであり、これらの解釈を整理比較すると、（表―1）の通りである。

（表―1）　公告がない場合の取戻請求権の消滅時効に関する解釈

	国の主張	第一審	第二審	最高裁
消滅時効の起算点	供託金の取戻事由発生後、権利申出公告で定め得る最低限の期間を経過した日	取戻事由発生後直ちに公告を行ったとしても公告後6か月内に申出がなかったであろうと認め得るだけの事情がある場合、当該期間経過時点	申出に係る還付請求権が存在しない場合、取戻事由が発生し、最短の公告期間である6か月が満了した時点	当該取戻事由が発生した時から10年を経過した時
公告の位置づけ	公告が義務付けられている。	―	公告は義務ではない。	公告は義務ではない。

133

(4) 公告制度と時効起算点との関係

　公告がない場合の取戻し請求権の消滅時効の問題を検討するためには、公告制度と時効との関係を考える必要がある。そして、そのためには、営業保証金の取戻し手続において公告制度が導入された意義とその機能・役割について理解しておく必要がある。

　最高裁が本件判決で述べているように、宅建業法の定める営業保証金の制度は、営業上の取引による債務の支払を担保するための営業保証金を供託させることによって、その取引の相手方を保護すること等を目的とするものである。そして、宅建業法第30条第2項は、営業保証金の取戻請求ができる場合として、同項本文の場合と、同項ただし書の場合という二つの類型を規定している。

　前者は、宅建業者等が早期に営業保証金の取戻請求をする場合には、6か月以上の公告期間を定めて取戻公告をすることを要件とするとともに、併せて、同公告期間内に還付請求権者からの申出がないこと、又は、同公告期間内に申出があったが、その申出に係る権利につきその不存在若しくは消滅を書面により証明することのいずれかの要件を充足することを求めている。これにより、宅建業者等が早期に営業保証金を取り戻す利益とその取引の相手方の保護の必要性との調整を図っていると解される。

　後者は、取戻公告をしないで取戻請求ができる類型であり、それが許容される根拠としては、取戻事由の発生時から10年を経過した後は、その還付請求権を行使する機会を特に確保するまでの必要性がないという考え方によるものと解される[5]。

　以上のような営業保証金及び取戻公告の制度趣旨等に照らすと、宅建業法第30条第2項の解釈においては、第一審判決や第二審判決が示したような、公告を原則の類型ととらえ、公告を前提とする取戻し請求権の消滅時効の起

5　宅建業法の立法担当者による解説と言える宅地建物取引業法令研究会『宅地建物取引業法の解説（五訂版）』大成出版社、2010年、142頁が以下のように述べているのは、こうした解釈を示しているといえる。「この公告は、……供託されている営業保証金について還付請求権を有している者がいる場合に。その者の知らない間に営業保証金の取戻しが行われてしまうことは、その者が営業保証金から損害を賠償してもらう機会を失わせてしまうことになるので、還付請求権を持っている者に対しては、その権利を実行する機会を与えておいて、その機会に権利を行使しない場合にのみ取戻しを認めるのが合理的であると設けられている制度である。公告制度は、このような趣旨から認められているのであるが、営業保証金を取り戻す事由が発生してから十年を経過したときは、取引の相手方の有していた債権はほとんど時効となり消滅するので、公告を要しないで取り戻すことができることになっており……」

算点の考え方を、公告をしない場合にもそのまま適用しようとするのは妥当ではないということになる。

そして、この規定の趣旨は、本件判決によれば、取戻請求をするに当たり、公告を義務的なもの又は原則的なものとする趣旨ではなく、取戻公告をして取戻請求をするか、取戻公告をすることなく10年経過後に取戻請求をするかの選択を、宅建業者等の自由な判断に委ねるものであると解される。

そうすると、公告をしない場合の取戻し請求権の時効起算点は、公告に伴う手続にこだわることなく、上述した民法・判例と宅建業法第30条第2項に即して判断すべきことになる。そして、取戻事由の発生時から10年を経過した後は、営業保証金制度の本来の目的である取引の安全とそれに伴う取引の相手方の還付請求権の保護を確保する必要性がなくなるので、その時点から宅建業者等の取戻請求権の行使を阻害する事由もなくなり、宅建業者等は取戻し請求権を行使することができる。すなわち、取戻事由の発生時から10年を経過した時点が、取戻し請求権の消滅時効の起算点である。

(5) 小括

宅建業者から物件を購入した者、宅建業者に売買や賃貸借の媒介を依頼した者をはじめとする宅建業者の取引の相手方は、損害賠償請求を含め、その取引について生じた債権について宅建業者が履行しない場合には、裁判外・裁判上の手続きにより履行を求めることができ、これら手段のいずれを選択するかは債権者の選択に委ねられている。このことは、債権全般に共通するが、宅建業法は、これら一般的手段に加えて、営業保証金制度を導入している。つまり、宅建業者は、営業保証金を供託しなければならず(宅建業法第25条第1項)、宅建業者の取引の相手方は、その取引により生じた債権に関し、営業保証金についてその債権の弁済を受ける権利を有する(宅建業法第27条第1項)。

このような、いわば手厚い制度が導入された背景をみると、宅建業法が1952(昭和27)年に制定され、宅建業者に対する登録制度(現在は免許)が創設され、その業務の運営に対して種々の規制がなされたが、業者の責めに帰すべき事由によって生じた事故や紛争が後を絶たず、消費者に損害を与える事例も多く、公正かつ円滑な不動産の取引が阻害される面も見られたことから、これらの事故や不動産取引に関する紛争を未然に防止し、業者による

不動産取引の安全を確保することを目的として1957（昭和32）年改正により営業保証金制度が設けられたのである[6]。

　営業保証金の供託は、民法上の寄託契約の性質を有するものとされるので[7]、供託の必要がなくなれば、供託をした宅建業者等は営業保証金を取り戻すことができる。その要件と手続きを定めたのが宅建業法第30条の規定である。ここで、営業保証金制度の目的の貫徹という面からは、還付請求権を有する者の立場を重視した仕組みが望ましく[8]、宅建業者等の利益に配慮する面からは、早期の取戻しが可能な仕組みが望ましいことになる。また、公告の位置づけに関し、取戻し手続において公告を義務づける立法政策上の判断もあり得た。

　実際の仕組みは、公告手続を導入しつつ、公告しない場合との二者択一式の仕組みによることとし、その選択を宅建業者等の自由な意思に委ねた。本件判決はこの点を明確にしたわけである。

　あくまでも私見に過ぎないが、一元的な仕組みではなく、二者択一式の仕組みが規定されたことに関しては、還付請求権を有する者（取引の相手方）の保護を確保しなければならないとしても、上述したように、還付請求権者が宅建業者等に対する債権を実行する手段は多様であり、宅建業者が供託した営業保証金の還付を受けることはこれら手段の一つに過ぎず、また、還付請求権を行使するか否かの選択も自由であることも影響しているのではないだろうか。

　あるいは、公告を義務付けたり、原則とする法制度を採用した場合、公告が還付請求権に対し一定の効力を有することとなり、その効力をいかに考えるかという論点や、還付請求権の根拠である宅建業者等に対する債権との関係をどのように処理すべきという複雑な論点が生じ得ることを避けたからかもしれない。

　そこで、公告をする場合と公告をしない場合の二つの仕組みを規定し、両者の間に優先劣後関係を設けず、いずれの仕組みを選択するかについては、

6　前掲注5文献126頁参照。

7　本件判決の評釈である判例時報第2301号63頁参照。

8　本件判決の評釈である《Westlaw Japan 新判例解説》第1093号、文献番号2016WLJCC107、2016年3頁は、「営業保証金は、取戻事由が発生した後も、取引の相手方に生じた損害を担保するものとして長期間供託され続けることが望ましい性質のものであり（例えば、宅地の購入者において、当該宅地に存在する瑕疵やこれに基づく損害を了知するまでに数年を要することは必ずしも珍しいことではない。）」と述べる。

宅建業者等の自由な意思に委ねた。

　そして、公告をする場合には、宅建業者等が所定の手続を済ませることにより早期の取戻しを可能にして、宅建業者等の利益を確保するとともに、公告により還付請求権者が申出をする機会を付与して、還付請求権者の債権行使を確保して、両者のバランスを図った[9]。

　他方、公告をしない場合には、還付請求権者の宅建業者に対する債権がほぼ時効消滅するとされる10年経過時点から宅建業者等による取戻しを可能にする仕組みとして構成することにより両者のバランスの問題を回避したと解される。

5．本件判決の意義

(1)　公告しない場合の取戻し請求権の消滅時効起算点

　本件判決は、営業保証金の取戻し請求権の消滅時効の起算点に関し、宅建業法第30条第1項前段所定の事由が発生した場合において、同条第2項本文所定の公告がされなかったときは、営業保証金の取戻請求権の消滅時効は、当該事由が発生した時から10年を経過した時から進行することを最高裁として初めて判示した点に意義がある。

(2)　公告の位置づけ

　本件判決が最高裁として判示したもう一つの事項は、宅建業法第30条第2項における公告の位置づけ、換言すれば、公告をする場合と公告をしない場合の関係性である。

　すなわち、最高裁は、営業保証金の取戻し手続において、第一審判決や第二審判決が示したような、公告を原則とする考え方ではなく、公告を前提とする取戻し手続と、公告をせずに10年経過による取戻し手続との選択について宅地建物取引業者等の自由な選択に委ねるのが同規定の趣旨であると示したのである。

9　第一審判決は、「公告の趣旨は、宅建業者の取引の相手方の重要な権利保護手段である営業保証金につき、宅建業者であった者が宅建業法30条2項ただし書所定の10年の経過を待つことなく取戻しを企図していることから、保証金に権利を有する者に対して、所定期間内に速やかに権利行使をするよう注意喚起をするものと解するのが相当である。」、「宅建業者の取引の相手方に対してその有する債権の存在に気付かせたり、債務者である宅建業者を知らしめたりするために情報を提供する趣旨のものとはいえない。」と述べる。

(3) 本件判決の射程

　他方、宅建業法第30条第2項本文の手続に基づく取戻請求の方法における法律上の障害の内容について本件判決は何ら言及していない。本件が同手続によるものでなく、公告がない事案であったから、当然のことと言える。

　したがって、還付請求権者からの申出がないこと等の要件は、取戻請求権の行使に係る法律上の障害であるか否か、仮に法律上の障害であるとすれば、それは宅建業者等の自らの意思により除去し得る性質のものであるか否かなどの論点については、本件判決の射程外にある[10]。

6．宅地建物取引業者としての留意点

　本件判決と2020年4月1日に施行された改正民法（債権関係）の規定によれば、取戻請求権の消滅時効の開始時点と完成時点は、（表—2）のように整理できる。

　同表において、公告をした場合の法律上の障害は私見を示したものである。

　また、消滅時効の完成時点をいずれも起算時点から5年が経過した時としているのは、民法第166条第1項第一号による。4．(2)で条文を示したように、改正民法は5年と10年の二つの時効期間を規定した。それらのうち、「権利を行使することができることを知った時から五年間」が適用されると考える理由は、宅地建物取引業者等は取戻事由が発生したことを知っており、また、法律上の障害の有無についても知っているはずだからである。

（表—2）　取戻し請求権の消滅時効に関する解釈

	法律上の障害	起算時点	完成時点
公告をした場合	申出がないこと	公告で定められた期間を経過した時	起算時点から5年が経過した時
	申出があったが、申出に係る権利が存在しないこと又は消滅したこと	申出に係る権利の不存在又は消滅が確定した時	同上
公告をしない場合	取戻事由が発生した時から10年の経過	免許が効力を有する最終日の翌日から10年を経過した時	同上

10　前掲注7文献64頁がこの点を指摘する。

7．本件判決に関する評釈

・徳地淳『最高裁判所判例解説民事篇（平成28年度）』273頁、一般財団法人法曹会、平成31年3月22日

・徳地淳『法曹時報』第69巻第8号310頁、一般財団法人法曹会、平成29年8月1日

・徳地淳「［最高裁時の判例］〔民事〕宅地建物取引業法30条1項前段所定の事由が発生した場合において、同条2項本文所定
の公告がされなかったときにおける営業保証金の取戻請求権の消滅時効の起算点—最一小判平成28・3・31」『ジュリスト』1499号92頁、有斐閣、平成28年10月25日

・長野史寛「最判平28.3.31民集70・3・969…平成28重判—民法3事件　宅建業法に基づく営業保証金還付請求権の消滅時効の起算点—同法30条の取戻公告が行われなかった場合」『増刊ジュリスト平成28年度重要判例解説1505号』、有斐閣、平成29年4月10日

・山門由美『訟務月報』62巻11号、法務省訟務局、2015年、1904頁

・判例時報2301号62頁

・判例タイムズ1425号116頁

・金融法務事情2048号68頁

・《Westlaw Japan 新判例解説》第1093号、文献番号2016WLJCC107、2016年

区分所有建物に関する判例

/10

マンションの共用部分の賃料に関する請求権についての決議・規約の効力

（平成27年9月18日最高裁第二小法廷判決）

////////// 判決のポイント //////////

一部の区分所有者が共用部分を第三者に賃貸して得た賃料につき生ずる不当利得返還請求権を区分所有者の団体のみが行使することができる旨の集会の決議又は規約の定めがある場合には、各区分所有者は、その請求権を行使することができないとされたこと。

当事者の関係図

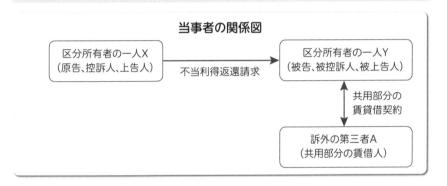

1．事案の概要

❶被上告人Yは、平成9年5月、Aとの間で、本件マンションのうちYの専有部分並びに共用部分である塔屋及び外壁等を賃貸する旨の賃貸借契約（以下「本件賃貸借契約」という。）を締結した。本件賃貸借契約は、Aの携帯電話基地局を設置する目的で締結されたものであり、アンテナを制御するための機器等はYの専有部分に、アンテナの支柱、ケーブルの配管部分等は共用部分にそれぞれ設置された。本件賃貸借契約の賃料は月額28万2千円、うち共用部分の使用の対価に相当する部分は12万2千円である。

❷本件マンションの管理規約には、次のような定めがある。

ア．各住戸及び事務所に接する共用部分であるバルコニーについては、各バルコニーに接する建物部分の区分所有者に無償で（ウの管理等の費用を除

143

　く。）専用させることができる（9条1項）。

　イ．塔屋、外壁及びパイプシャフトの一部については、事務所所有の区分所
　　有者に対し、事務所用冷却塔及び店舗・事務所用袖看板等の設置のため、
　　アと同様に無償で使用させることができる（9条2項本文。以下「無償使
　　用条項」という。）。

　ウ．区分所有者が無償で使用するア、イの部分の修理、保守及び管理の費用
　　は、各使用者が負担し、その他の共用部分の修理、保守及び管理は、管理
　　者において行い、その費用負担は他の条項の定めによる（12条1項）。

❸上告人Xは、Yは②イの定めにいう事務所所有の区分所有者であるが、アン
　テナの支柱、ケーブルの配管部分等はこの定めにいう事務所用冷却塔及び店
　舗・事務所用袖看板等に当たらない。したがって、Yは、本件賃貸借契約に
　基づき共用部分を第三者に賃貸して賃料を得たことにより、法律上の原因な
　く上告人の持分割合相当額の利益を受け、そのために上告人に損失を及ぼし
　たことになり、同額について不当利得が成立する旨主張し、不当利得返還請
　求権に基づき、Yが本件マンションの共用部分を第三者に賃貸して得た賃料
　のうち共用部分に係るXの持分割合相当額の金員及びこれに対する遅延損害
　金の支払を求めた。

2．第一審判決・第二審判決

(1)　第一審判決

　　第一審は、Yの使用は、無償使用条項に基づき、無償使用の許可を得て行
　われてきたものであると認定するとともに、無償使用条項は、区分所有法30
　条3項等により無効であるとのXの主張に対し、同項は、同項に定める諸事
　情を総合的に考慮して、区分所有者間の利害の衡平が図られるように規約を
　定めなければならないと規定しているのみで、費用負担や収益収取をすべて
　平等にしなければならないと定めているわけではないと判示し、Xの請求を
　棄却した（平成24年1月30日横浜地裁判決、ウェストロージャパン）。

(2)　第二審判決

　　Xが控訴したところ、控訴審は、次のように判示した。

　❶無償使用条項該当性について

　　　無償使用条項は、事務所所有者による共用部分の使用について定めるも

のであり、「事務所用冷却塔、および店舗、事務所用袖看板等の設置のため」と使用目的を明記しているところ、合理的理由もなく事務所所有者のみ優遇し、その余の区分所有者と差違を設けることは考え難いから、事務所所有者に固有の事情に配慮したものと解するほかない。

　Ｙが指摘するように、条項には「等」が付されており、例示的列挙であることは明らかであるが、これを無限定に広く解釈してよいというものではなく、条項が設けられた趣旨及びこれによる専用使用権は専有部分と分離して処分することができない旨を定めた規約10条に照らし、かつ、これと具体的に列挙されている物の具有する性質との関係にかんがみれば、自ずとその範囲は限定されると解され、事務所使用に通常必要とされる付随的設備であって、専有部分には設置できないか、又は、設置するのが適当でなく、かつ、塔屋・外壁・パイプシャフトに設置する必要のある物がこれに当たるというべきである。

　本件賃貸借契約によりＹは月額30万２千円（そのうち共用部分使用の対価に相当するのは12万２千円）の賃料を得ている。このような共用部分の使用実態は、区分所有者以外の第三者から対価を徴取して利益を得ているだけであって、事務所使用の区分所有者が通常必要とされる付随的設備を設置するのとは明らかに異なる。

　そうすると、本件設備は無償使用条項の対象には含まれず、Ｙがこれを設置するために共用部分を使用することにより賃料収入を得ているのは、法律上の原因なくして利益を得たことになる。そして、区分所有法19条によれば、各共有者は共有部分から生ずる利益を収取するのであるから、他の区分所有者は、Ｙの得た賃料のうち自己の持分割合に相当する部分につきその利益を得ることができず、損失を被ったことになるので、Ｙにとっては不当利得となるというべきである。

❷区分所有者の請求の可否について

　区分所有法は、区分所有者が共有部分から生ずる利益を収取する旨定めるが、それは利益の帰属を明らかにしたものであり、その利益が侵害され又は喪失した場合に発生する請求権について当然に各区分所有者が個別にこれを行使できるものとしているものではない。共用部分の管理に属する事項は、規約に別段の定めがあるほかは、集会の決議で決し（同法18条１項、２項）、管理者は、共有部分を保存し、集会の決議を実行し、規約で

定めた行為をする権利を有し、義務を負い、共用部分について生じた損害賠償金及び不当利得による返還金の請求及び受領について区分所有者を代理するものとされていること（同法26条1項、2項）からも明らかなとおり、共用部分の管理に関しては、個々の区分所有者が個別にその共有持分に応じた権利行使をすると、他の区分所有者の利害に重大な影響を及ぼすことがあるため、団体的規制に服するものとしたと解される。

　　　そして、この団体的規制の下での管理は、区分所有者の団体による決議、規約の定め、管理者に委ねられた権利の行使という方法で実現できるから、そのような方法によるべきであり、個々の区分所有者が自己の持分割合に応じて分割された権利をそれぞれ行使できると解する余地はない。

　　　そうすると、Xの請求は、個別の区分所有者による不当利得返還請求権を行使するものとして許されないので、理由がない。

❸結論

　　　Xの請求を棄却した第一審判決は結論において正当であるとして、控訴を棄却した。（平成24年12月13日東京高裁判決、ウェストロージャパン）

3．最高裁判決

　Xが上告したところ、最高裁は次のように判示して、上告を棄却した（平成27年9月18日最高裁二小判決、民集69巻6号1711頁、判例時報2278号63頁、判例タイムズ1418号92頁）。

❶一部の区分所有者が共用部分を第三者に賃貸して得た賃料のうち各区分所有者の持分割合に相当する部分につき生ずる不当利得返還請求権は各区分所有者に帰属するから、各区分所有者は、原則として、上記請求権を行使することができるものと解するのが相当である。

❷他方、区分所有法は、区分所有者が、全員で、建物並びにその敷地及び附属施設の管理を行うための団体（区分所有者の団体）を構成する旨を規定し（3条前段）、この団体の意思決定機関としての集会の招集手続並びに決議の方法及び効力等や、団体の自治的規範としての規約の設定の手続及び効力等を規定している（第1章第5節）。また、同法18条1項本文及び2項は、区分所有者に建物の区分所有という共同の目的があり、この共同目的達成の手段として共用部分が区分所有者全員の共有に属するものとされているという特殊性に鑑みて、共用部分の管理に関する事項は集会の決議で決するか、

又は規約で定めをする旨を規定し、共用部分の管理を団体的規制に服させている。そして、共用部分を第三者に賃貸することは共用部分の管理に関する事項に当たるところ、上記請求権は、共用部分の第三者に対する賃貸による収益を得ることができなかったという区分所有者の損失を回復するためのものであるから、共用部分の管理と密接に関連するものであるといえる。そうすると、区分所有者の団体は、区分所有者の団体のみが上記請求権を行使することができる旨を集会で決議し、又は規約で定めることができるものと解される。そして、上記の集会の決議又は規約の定めがある場合には、各区分所有者は、上記請求権を行使することができないものと解するのが相当である。

❸そして、共用部分の管理を団体的規制に服させている区分所有法の趣旨に照らすと、区分所有者の団体の執行機関である管理者が共用部分の管理を行い、共用部分を使用させることができる旨の集会の決議又は規約の定めがある場合には、集会の決議又は規約の定めは、区分所有者の団体のみが上記請求権を行使することができる旨を含むものと解される。

❹これを本件についてみると、本件マンションの管理規約には、管理者が共用部分の管理を行い、共用部分を特定の区分所有者に無償で使用させることができる旨の定めがあり、この定めは、区分所有者の団体のみが上記請求権を行使することができる旨を含むものと解すべきであるから、上告人は不当利得返還請求権を行使することができない。

4．解　説

(1)　住商複合型マンションの特徴

　一棟の建物が複数の用途に使用されることは広く見られるが、このことは区分所有建物にあっても同様である。いわゆる分譲マンションにおいて、低層部分が事務所や店舗用として、中高層部分が住宅として分譲される事例が商業地を中心に見られるところ、本件マンションもその一つである。

　このようなマンションを本稿では住商複合型マンションと呼ぶこととするが、住商複合型マンションにあっては、住戸と事務所・店舗との間で、専有部分の使用形態の違いに加え、共用部分の使用形態も異なるという大きな特徴がある。

　そして、この特徴は共用部分の管理の方法や費用負担に関するルールを複

雑にし、その運用をめぐって紛争の素地となる可能性をもたらす[1]。例えば、2階の事務所・店舗のための専用エレベーターは共用部分であるが、住戸の区分所有者も含む全員の共用部分ではなく、一部共用部分とするのが妥当であって、その管理費用は2階の区分所有者のみが負担すべきである[2]。ただし、このエレベーターを改造するために壁や柱といった全体共用部分に手を加える必要がある場合には、2階の区分所有者だけで意思決定することはできず、区分所有者の全員を対象とする決議が必要となる。

(2) 共用部分の使用ルール

　一般の分譲マンションでは、専用部分の用途が居住用に限られるのが通例なので、共用部分の使用ルールについて、その内容が複雑多岐にわたることはなく、また、区分所有者間の均衡が問題になることもそれほど考えにくい[3]。

　これに対し、住商複合型マンションでは、前述したように、共用部分の使用ルールは複雑なものとならざるを得ない。また、非居住用の専用部分の使用ルールを定める規約や集会決議の効力が、区分所有法31条1項後段の「特別の影響」に該当するとして紛争になることもある[4]。

　本件では、そのようなルールのうち事務所所有者による共用部分の使用について定めた無償使用条項が争点の一つとされたが、最高裁判決はこの点について触れていないので、高裁判決の内容が実務上、大いに参考になると考えられる。

　高裁判決の判示事項を整理すると、次の通りである。

❶本件無償使用条項は「事務所用冷却塔、店舗、事務所用袖看板等の設置のため」と使用目的を明記しているところ、合理的理由なく事務所所有者のみ優遇し、他の区分所有者と差違を設けることは考え難いから、その趣旨は事務所所有者に固有の事情に配慮したものと解される。

1　山岡淳一郎「生きのびるマンション―＜二つの老い＞をこえて」岩波新書、2019年、152～159頁参照。
2　実際には、共用部分全体が一律に区分所有者の全員による共有とされている場合もあり得よう。しかし、このような場合であっても、費用負担については本文で述べたルールによるべきである。
3　想定されるのは、最上階の区分所有者のルーフバルコニーや、1階の専用庭を対象とした専用使用権に関するルールなどである。
4　住商複合型マンションにおける使用ルールが争点となった事例として、店舗部分の営業時間を限定する集会決議の効力が区分所有法31条1項後段の「特別の影響」に該当するか否か争われ、これが否定された平成15年12月4日東京高裁判決、判例時報1860号66頁。

❷本件条項には「等」が付されており、例示的列挙であることは明らかであるが、これを無限定に広く解釈してよいというものではなく、条項が設けられた趣旨及びこれによる専用使用権は専有部分と分離して処分することができない旨を定めた規約10条に照らし、かつ、これと具体的に列挙されている物の具有する性質との関係にかんがみれば、自ずとその範囲は限定されると解され、事務所使用に通常必要とされる付随的設備であって、専有部分には設置できないか、又は、設置するのが適当でなく、かつ、塔屋・外壁・パイプシャフトに設置する必要のある物がこれに当たる。

❸本件賃貸借契約により事務所所有者は、共用部分使用の対価に相当する賃料を得ており、このような共用部分の使用実態は、区分所有者以外の第三者から対価を徴取して利益を得ているだけであって、事務所使用の区分所有者が通常必要とされる付随的設備を設置するのとは明らかに異なる。

❹したがって、本件賃貸借契約により事務所使用者が得た賃料は、他の区分所有者との関係において不当利得となる。

(3) **共用部分について生ずる不当利得返還請求権の帰属に関する学説・判例**

区分所有建物の共用部分について生ずる不当利得返還請求権の帰属と行使については、学説が分かれている。

まず、請求権の帰属については、各区分所有者に分割的に帰属すると解する説と[5]、区分所有者の全員に団体的に帰属すると解する説がある。前者が通説とされる[6]。

判例としては、共用部分の瑕疵に関して管理組合が建設会社と分譲業者に対し、不法行為に基づく損害賠償請求をした事案において、当該損害賠償請求権は各区分所有者に分割的に帰属するとして管理組合の請求を棄却した原判決[7]を正当として是認した平成12年10月10日最高裁三小判決（ウエストロージャパン掲載）があり、分割的帰属説を採用している。

5 　吉田徹編著『一問一答改正マンション法』商事法務30頁、鎌野邦樹・山野目章夫編『マンション法』（舟橋哲）90〜91頁。
6 　判例時報2278号63頁の解説。区分所有法平成14年改正の立法担当者も、「損害賠償請求権や不当利得返還請求権が可分債権であり、各区分所有者に分割的に帰属するものである。」と分割債権になること（民法427条の適用）を当然視していた。
7 　平成8年12月26日東京高裁判決、判例時報1599号79頁。

⑷　不当利得返還請求権の行使に関する学説

　　前述の通り不当利得返還請求権が通説・判例により各区分所有者に分割的に帰属することを前提として、その行使については、各区分所有者が自己に帰属する請求権を個別に行使することができるとする説と[8]、共用部分の管理は排他的な団体的管理に服するとして区分所有者の団体あるいはその執行機関である管理者のみが請求権を行使することができるとの説とがある[9]。

　　この問題に関して判示した裁判例は、本件までは見当たらなかったが、本件の第二審判決は後者の説に立つと考えられる。

　　ここで、権利それ自体は各区分所有者に分割的に帰属するにもかかわらず、その個別的な行使が権利者たる各区分所有者には許されず、排他的な団体的管理に服するという論理構成は、どのようになるだろうか。最高裁は、「共用部分を第三者に賃貸することは共用部分の管理に関する事項に当たるところ、上記請求権は、共用部分の第三者に対する賃貸による収益を得ることができなかったという区分所有者の損失を回復するためのものであるから、共用部分の管理と密接に関連する」と述べるが、こうした損失回復説だけでは、分割的に帰属しながらも、行使については団体的管理に服するという権利特性を十分に根拠づけることは困難であろう。そこで、次のように考えてみてはどうだろうか。すなわち、共用部分に生じた瑕疵や損害に係る損害賠償請求の場合、受けた賠償金を用いて修補を図るという関係が明確であり、損害賠償請求が共用部分の管理行為の領域に属することが認められる[10]。同様に不当利得返還請求の場合も、返還された利得に相当する金額は、単なる対価として区分所有者の利得となり、その費消が各区分所有者の自由に完全に委ねられるとするよりも、不当利得の原因行為により共用部分に生じた損耗の回復に充当すべきものと解することができるから、やはり共用部分の管理行為の領域に属することが認められる。区分所有法は、管理者の権限について定める26条2項と管理組合法人の代理権について定める47条6項において「共用部分等について生じた損害賠償金及び不当利得による返還金」と規定し、損害賠償金と不当利得返還金を同列に扱っており、上記の解釈は、こうした法文の規定ぶりとも矛盾しない。

8　前記⑶で分割的帰属を主張する学説は、行使についても個別行使説に立つものとみられる。

9　平野裕之「マンションの共用部分の瑕疵と区分所有者の交替」ジュリスト1402号23～24頁。前記⑶で団体的帰属を主張する学説は、行使については当然、団体的行使説に立つと解される。

10　前掲注7平野論文20頁。

(5)　不当利得返還請求権の行使手続

　　不当利得返還請求権が通説・判例により各区分所有者に分割的に帰属する
　ことを前提として、その行使については区分所有者の団体あるいはその執行
　機関である管理者のみが請求権を行使することができるとすると、その具体
　的な行使手続はどのようなものであるか。以下のように場合分けして説明す
　ることができる。

①　管理組合法人の場合

　　区分所有者の団体が区分所有法47条１項に基づき管理組合法人化されて
　いる場合、管理組合法人は、共用部分等について生じた不当利得による返
　還金の請求及び受領について区分所有者を代理する（同条６項）。

　　また、管理組合法人は、規約又は集会の決議により、不当利得返還請求
　について訴訟の原告又は被告となることができる（同条８項）。

②　管理組合は法人化されていないが、管理者が置かれている場合

　　区分所有者は、管理者を置くことができ（区分所有法３条）、管理者は、
　共用部分等について生じた不当利得による返還金の請求及び受領について
　区分所有者を代理する（同法26条２項）。

　　また、管理者は、規約又は集会の決議により、不当利得返還請求につい
　て訴訟の原告又は被告となることができる（同条４項）。

③　管理組合が法人化されておらず、管理者も置かれていない場合

　　管理組合が法人化されておらず、管理者も置かれていない場合には、区
　分所有者は、当然に「建物並びにその敷地及び附属施設の管理を行うため
　の団体を構成」するので（区分所有法３条）、その代表者により管理が実
　行される。

　　そして、この団体の代表者（管理組合の理事長）は、共用部分等につい
　て生じた不当利得による返還金の請求及び受領について区分所有者を代理
　するとともに、規約又は集会の決議により、不当利得返還請求について訴
　訟の原告又は被告となることができると解される（同法47条８項の類推適
　用）[11]。あるいは、規約又は集会の決議に基づき区分所有者の団体が「法人
　でない社団」として、その名において訴訟の当事者となることができる
　（民事訴訟法29条）。

11　前掲注７平野論文23頁。

5．本件判決の意義

(1) 共用部分に係る不当利得返還請求権の位置づけ

　本件判決は、区分所有建物の共用部分について生ずる不当利得返還請求権について、各区分所有者に分割的に帰属するという先例に従いつつ、その行使に関し、各区分所有者が個別に行使できない場合があるかという点について、最高裁が初めて判断を示したものであり、後述する規約の解釈の点も含め、理論的にも実務的にも重要な意義を有する。

(2) 共用部分の管理における団体的規制のあり方

　本件判決は、区分所有建物については区分所有者の団体が存在し、共用部分の管理が団体的規制に服していること、不当利得返還請求権が共用部分の管理と密接に関連するものであるといえることなどから、区分所有者の団体は、区分所有者の団体のみが不当利得返還請求権を行使することができる旨を規約で定め、又は集会で決議することができ、この場合には、各区分所有者は、自己に帰属する不当利得返還請求権を行使することができないと判示した。

　これに対し、議決権の過半数を有する区分所有者が共用部分を不法に第三者に賃貸した場合、他の区分所有者が不当利得返還請求権を行使できなくなり、不当な結果をもたらすという批判があり、本件の上告人も同旨を主張したと解される。

　しかし、そのようなケースでは、不法に賃貸した区分所有者も不当利得返還請求権を個別に行使できない点では同じであり、このような不当な判断をして第三者に賃貸し、その利益を独占するために、第三者に賃貸する決議に賛成した区分所有者の間に限り賃料収入を分配する決議を別途した上で、それを実行するといった事態は現実には想定し難い。仮に、そのような事態が発生した場合には、管理者に不正な行為その他その職務を行うに適しない事項があるときは、各区分所有者は、その解任を裁判所に請求することができるとする区分所有法25条2項の規定や、集会の運営の適正化（一般社団法人及び一般財団法人に関する法律による決議の瑕疵に関する訴えの規定の類推適用）により対処することが可能である[12]。

12　判例時報2278号64頁第三段の解説。

(3) 団体的規制の重視

区分所有法は、1962（昭和37）年に制定されて以降、専有部分と敷地利用権の分離処分の禁止（22条）を導入した1983（昭和58）年改正、建替えに関する決議要件を緩和した2002（平成14）年改正など団体的規制が強化される方向にある。

本件判決は、前記(2)の考え方を前提に、管理者が共用部分の管理を行い、共用部分を特定の区分所有者に無償で使用させることができる旨の本件マンションの管理規約中の定めは、区分所有者の団体のみが不当利得返還請求権を行使することができる旨を含むものと解した。つまり、共用部分の管理を団体的規制に服させている区分所有法の趣旨を重視して、本件マンションの管理規約について、通常の契約解釈よりも比較的緩やかな解釈を行ったと評価され、上記で示した区分所有法の条文における団体的規制の強化の流れにも沿ったものであると考えられる。

(4) 本件判決の射程

本件判決は、区分所有建物の共用部分について生ずる第三者の使用に対する不当利得返還請求権以外の不当利得返還請求権や損害賠償請求権を規約や決議により制限することができるか否かについてまで判示していない。

したがって、本件事案の請求権以外に、その行使について規約や決議により制限することができる請求権があるとすると、どのような規約や決議の内容が、区分所有者の団体のみが当該請求権を行使できる旨を含むものと解されるかは、当該請求権の性質等により異なることになろう[13]。

ただ、区分所有法26条2項と47条6項の規定ぶりや、4.(4)で述べたことからすれば、管理組合法人化の有無、管理者の有無、規約の文言、決議の内容等において同様の状況であれば、これらの請求権について同様の扱いをすることが基本的な考え方であろう。

6. マンション管理業者としての留意点

マンション標準管理規約（複合用途型）（最終改正令和3年6月22日国住マ第33号）によれば、共用部分の第三者の使用に関し、次の規定が置かれている。

13　判例時報2278号64頁第四段の解説。

> （敷地及び共用部分等の第三者の使用）
>
> 第16条　管理組合は、次に掲げる敷地及び共用部分等の一部を、それぞれ当該各号に掲げる者に使用させることができる。
>
> 　一　管理事務室、管理用倉庫、機械室その他対象物件の管理の執行上必要な施設　管理事務（マンションの管理の適正化の推進に関する法律（平成12年法律第149号。以下「適正化法」という。）第2条第六号の「管理事務」をいう。）を受託し、又は請け負った者
>
> 　二　電気室　対象物件に電気を供給する設備を維持し、及び運用する事業者
>
> 　三　ガスガバナー　当該設備を維持し、及び運用する事業者
>
> 2　前項に掲げるもののほか、管理組合は、総会の決議を経て、敷地及び共用部分等（駐車場及び専用使用部分を除く。）の一部について、第三者に使用させることができる。

　本件判決の考え方を当てはめると、この条項は管理組合のみが不当利得請求権を行使することができる旨を含むものと解される。したがって、個別具体の住商複合型マンションにおいて標準管理規約を用いて管理規約を作成している場合には、本件判決の考え方に従って対応すれば良いこととなる。

　また、管理規約に定めがない住商複合型マンションにあっては、マンション管理業者として管理組合を支援して、管理規約を改正するか、総会決議を行って管理組合のみが不当利得請求権を行使することができるようにすることが、本件事案のような問題が発生した場合において円滑に解決を図るために必要である。

7．本件判決に関する評釈

・齋藤毅『最高裁判所判例解説民事篇（平成27年度）』403頁

・同『法曹時報』68巻11号222頁

・同『ジュリスト』1493号70頁

・同『ジュリスト増刊（最高裁時の判例9）』177頁

・山口敬介『ジュリスト臨時増刊（平27年重要判例解説）』492号73頁

・椙村寛道『NBL』1072号70頁

・鎌野邦樹『判例時報』2305号167頁

- 同『法学セミナー増刊（新判例解説 Watch）』18号71頁
- 同『マンション学』54号84頁
- 松岡久和『金融法務事情』2095号84頁
- 笠井修『金融・商事判例』1504号 8 頁
- 伊藤栄寿『民商法雑誌』152巻 1 号62頁
- 平野裕之『私法判例リマークス』54号14頁
- 小平展洋『専門実務研究（横浜弁護士会）』10号109頁
- 松尾弘『法学セミナー』742号126頁
- 佐藤元『市民と法』98号33頁
- 福本知行『法学教室別冊（付録・判例セレクト2015Ⅱ）』426号30頁
- 大野武『明治学院大学法律科学研究所年報』32号189頁
- 内海博俊『法学セミナー増刊（新判例解説 Watch）』19号177頁
- 川嶋四郎『法学セミナー』747号124頁
- 花房博文『創価ロージャーナル』10号163頁
- 市川英孝『法学（東北大学）』82巻 1 号106頁

判例　11 /11

マンションの電力供給契約と集会決議

（平成31年3月5日最高裁第三小法廷判決）

判決のポイント

マンションの区分所有者に対してその専有部分の電力供給契約の解約申入れを義務付ける旨の集会決議がされた場合において、決議に反対した区分所有者が解約申入れをしないことが他の区分所有者に対する不法行為を構成しないとされたこと。

当事者の関係図

1．事案の概要

❶ X（原告、被控訴人、被上告人）及びY（被告、控訴人、上告人）は、いずれも札幌市内の区分所有建物5棟から成る総戸数544戸のマンション団地（以下「本件マンション」という。）の区分所有者である[1]。

❷ 本件マンションにおいて、区分所有者又は専有部分の占有者（以下、これらを併せて「区分所有者等」という。）は、個別に北海道電力株式会社（以下「電力会社」という。）との間で専有部分において使用する電力の供給契約（以下「個別契約」という。）を締結し、団地共用部分である電気設備を通じて電力の供給を受けている。

❸ 平成26年8月に開催された本件マンションの団地管理組合法人（以下「本件団地管理組合法人」という。）の通常総会において、専有部分の電気料金を

1　本件マンションは団地型マンションであり、判決文では当事者を「団地建物所有者」と表記しているが、問題の本質や法理は単棟型と共通であるので、本稿では単に「区分所有者」と表記する。また、「団地共用部分」は単に「共用部分」と表記する。

157

削減するため、本件団地管理組合法人が一括して電力会社との間で高圧電力の供給契約を締結し、区分所有者等が本件団地管理組合法人との間で専有部分において使用する電力の供給契約を締結して電力の供給を受ける方式（以下「本件高圧受電方式」という。）への変更をする旨の決議がされた。そして、本件高圧受電方式への変更をするためには、個別契約を締結している区分所有者等の全員がその解約をすることが必要とされた。

❹平成27年1月に開催された本件団地管理組合法人の臨時総会において、本件高圧受電方式への変更をするため、電力の供給に用いられる電気設備に関する団地共用部分につき建物の区分所有等に関する法律（以下「法」という。）65条に基づく規約を変更し、上記規約の細則として「電気供給規則」（以下「本件細則」という。）を設定する旨の決議（以下、上記❸の決議と併せて「本件決議」という。）がされた。本件細則は、本件高圧受電方式以外の方法で電力の供給を受けてはならないことなどを定めており、本件決議は、本件細則を設定することなどにより区分所有者等に個別契約の解約申入れを義務付けるものであった。

❺本件団地管理組合法人は、平成27年2月、本件決議に基づき、個別契約を締結している区分所有者等に対し、その解約申入れ等を内容とする書面を提出するよう求め、Y以外の区分所有者等は、遅くとも同年7月までに書面を提出した。しかし、本件決議に反対していたYは、書面を提出せず、その専有部分についての個別契約の解約申入れをしなかった。

❻そこで、Xは、Yがその専有部分についての個別契約の解約申入れをすべきという本件決議又は本件細則に基づく義務に反して解約申入れをしないことにより、本件高圧受電方式への変更がされず、Xの専有部分の電気料金が削減されないという損害を被ったと主張して、Yに対し、不法行為に基づく損害賠償を求めた。

2．第一審判決・第二審判決

(1) 第一審判決

第一審は、Xの請求を認容し、9,165円余の支払を命じた（平成29年5月24日札幌地裁判決、ウェストロージャパン）。

(2) 第二審判決

　Yが控訴したところ、控訴審は、原判決を補正し、Yの補充主張に対する判断を付加して、概要次の通り述べて控訴を棄却した（平成29年11月9日札幌高裁判決、ウェストロージャパン）。

❶不法行為の成否について

　共用部分の変更及び管理に関して集会の決議で決した以上、当該決議に反対した区分所有者であっても、この決議に従うのが共同利用関係にある区分建物において当然の理であって、本件規約6条1項は、このことを確認するものである。

　しかし、Yは、本件各総会決議に従うことなく、専有部分の電力の供給元は自由に選択することができるなどの意見に固執して、本件団地管理組合に期限までに本件解約書面等を提出しなかったため、専有部分における高圧受電の導入を実現できなかった。

　そうすると、Y以外の区分所有者は高圧受電の導入により低廉な電気料金の利益の享受を求めていたにもかかわらず、Yが解約書面等の提出を拒んで高圧受電の導入を妨げたことにより、区分所有者等の共同の利益たる低廉な電気料金の利益の享受を妨げ、侵害したと認めることができる。そして、低廉な電気料金の利益は「法律上保護される利益」（民法709条）に該当するといえるから、XはYに対し、不法行為による損害賠償請求権に基づいて差額の電気料金の賠償を求めることができる。

❷総会決議の拘束力について

　ライフラインの供給元の選択は専有部分の区分所有者が決定すべき事項であって、本件各総会決議は区分所有権の本質的事項に関わるものであって法的拘束力はないとのYの主張に対し、区分建物にあっては、電力会社から受ける電力は全体共用部分、各棟共用部分を通じて専有部分に供給されるのであるから、電力の供給元の選択においても、共同利用関係による制約を当然受けるものである。契約の自由も、区分所有者の共同の利益の実現のための制約を免れないのであって、本件細則で定める電力の供給以外の方法で電力を供給し、又は供給を受けてはならない旨の本件細則の下においては、同細則に反する契約手続は認められず、解約書面等の提出を拒む理由とはならない。もとより、電力の供給は、ライフラインに関するものであるから区分所有権の本質的事項であるといえるが、高圧受電の導

159

入後においても、引き続き、本件管理組合が電力供給会社から電力の供給を受けて各専有部分に電力を供給するのであるから、Yの主張は当を得ないというべきである。

　本件決議は、共用部分の変更又はその管理に関する事項を決するなどして本件高圧受電方式への変更をすることとしたものであって、その変更をするためには個別契約の解約が必要である。したがって、上記変更をするために区分所有者等に個別契約の解約申入れを義務付けるなどした本件決議は、法66条において準用する法17条1項又は18条1項の決議として効力を有するから、Yがその専有部分についての個別契約の解約申入れをしないことは、本件決議に基づく義務に反するものであり、Xに対する不法行為を構成する。

❸損害の発生及びその額について

　平成27年11月分から平成28年3月分までXが支払った電気料金は4万240円、1kWh当たり30.3円であり、高圧受電が導入されている共用部分の電気料金は1kWh当たり20.4円であると認められる。そして、仮に高圧受電が導入されたとすれば、専有部分の1kWh当たりの単価は23.4円であったと推計される。したがって、Xは、高圧受電が導入されなかったことにより、その差額9,165円の損害を被ったものと認めることができる。

3．最高裁判決

　Yが上告したところ、最高裁は次のように判示して、原判決を破棄し、第1審判決を取り消し、Xの請求を棄却した（平成31年3月5日最高裁三小判決、裁判所ウェブサイト、判例タイムズ1462号20頁）。

❶本件高圧受電方式への変更をすることとした本件決議には、共用部分の変更又はその管理に関する事項を決する部分があるものの、本件決議のうち、区分所有者等に個別契約の解約申入れを義務付ける部分は、専有部分の使用に関する事項を決するものであって、共用部分の変更又はその管理に関する事項を決するものではない。したがって、本件決議の上記部分は、法66条において準用する法17条1項又は18条1項の決議として効力を有するものとはいえない。このことは、本件高圧受電方式への変更をするために個別契約の解約が必要であるとしても異なるものではない。

❷そして、本件細則が、本件高圧受電方式への変更をするために区分所有者等

に個別契約の解約申入れを義務付ける部分を含むとしても、その部分は、法66条において準用する法30条1項の「団地建物所有者相互間の事項」を定めたものではなく、同項の規約として効力を有するものとはいえない。なぜなら、区分所有者等がその専有部分において使用する電力の供給契約を解約するか否かは、それのみでは直ちに他の区分所有者等による専有部分の使用又は団地共用部分等の管理に影響を及ぼすものではないし、また、本件高圧受電方式への変更は専有部分の電気料金を削減しようとするものにすぎず、この変更がされないことにより、専有部分の使用に支障が生じ、又は共用部分等の適正な管理が妨げられることとなる事情はうかがわれないからである。

❸その他Yにその専有部分についての個別契約の解約申入れをする義務が本件決議又は本件細則に基づき生ずるような事情はうかがわれない。

❹以上によれば、Yは、本件決議又は本件細則に基づき上記義務を負うものではなく、Yが上記解約申入れをしないことは、Xに対する不法行為を構成するものとはいえない。

4．解　説

(1)　マンションの電力供給の仕組み

　マンションにおける電力供給の仕組みは、戸建て住宅とは異なり、1棟の建物に多くの住戸が存在する上、エレベーターや給水ポンプなどの共用設備を備え、一度に大量の電力を使用することから複雑である。

　すなわち、建物全体で使われる電力量と各機器で必要とする電圧に応じて、供給方法は異なる。各戸の契約電力と共用部の契約電力の合計が50kw未満の小規模なマンションでは、敷地外の電柱の変圧器で低圧電力に変圧された後、エレベーターなどを動かす動力用幹線（200V）と、照明やコンセント用の電灯用幹線（100V）の2系統の引込線に分かれた後、電灯用の引込線は、引込開閉器盤を通った後に共用部と専有部に分かれる[2]。

　他方、中規模程度以上のマンションでは、敷地外の電柱から高圧電力をそのまま敷地内の電気室などの受変電設備に引き込み、そこで低圧電力に変圧した後、小規模マンションと同様に引込開閉器盤を通じて共用部と専有部に供給する。そのイメージは（図―1）に示す通りであり、本件マンションが

2　商店や工場など、モーター等の動力を使用し、契約電力が原則として50ｋW未満の場合の共通の方式である。

このタイプである。

(2) 本件マンションにおける電力供給方式

　本件マンションにおける専有部分の電力供給方式を簡略に説明すると、現況は、敷地内の引込柱（電柱）を経由して電気室に6,600Vが送電され、電気室と盤室を通じて、各専有部分にそれぞれ100Vの電力が供給される。そして、電柱からの送電線、電気室内の電力供給に必要なトランス及びこれに付属する設備、専有部分の分電盤上の契約用安全ブレーカー及び専有部分のメーターは、いずれも北海道電力が所有している。

　これに対し、本件各総会決議の内容が実現すると、本件管理組合が共用部分及び専用部分で使用する電力を一括して高圧受電した上で、各専有部分にそれぞれ100Vの電力が供給することとなる。これに伴い、北海道電力が所有する設備を本件管理組合が所有することになる。また、北海道電力との間の契約関係は管理組合に一元化されるので、現在、各区分所有者等が北海道電力との間で締結している契約を全て解除しなければ、一括高圧受電契約を導入することができない。

　つまり、本件で実現しようとした電力供給方式の変更とは、（図—1）に示す電力供給のための設備機器それ自体の状態に変更をもたらすものではなく、（図—2）に示すように、設備機器の所有関係と電力供給契約の当事者関係に変更をもたらすものであり、いわば、ハード面の変更はなく、ソフト面の変更をもたらすものである。

（図—1）本件マンション専有部分の電力供給方式の模式図

注：塗りつぶした四角形は、電気室、トランス、ブレーカー、メーターなどの設備機器。

（図―2）本件マンション専有部分の電力供給契約

［現在］　　北海道電力　◀━━▶　各区分所有者
　　　　　　　　　　　（従量電灯契約）
　　　　※（図―1）の設備機器の所有者は北海道電力

［決議］　　北海道電力　◀━━▶　管理組合　◀━━▶　各区分所有者
　　　　（高圧電力供給契約）　　　　　（従量電灯契約）
　　　　※（図―1）の設備機器の所有者は全区分所有者
　　　　（共用部分として管理組合が維持管理）

(3)　マンションの高圧一括受電方式

　以上説明したように、本件マンションのような団地型と規模の大きな単棟型マンションでは通常、専有部では各世帯がそれぞれ電力会社と低圧電力契約を結び、共用部は管理組合が一括して高圧電力契約を結ぶ。

　これに対し、本件マンションで導入が図られたように、共用部と専有部の電力を高圧でまとめて受電する「高圧一括受電」に契約を変えると電気料金を削減することが可能になる。その理由は、電気料金の仕組みにおいて低圧電力よりも高圧電力の方が低額に設定されているため、高圧電力を一括購入したほうが安くなる点にある[3]。

　ここで、高圧一括受電を導入するためには、管理組合の総会の特別決議が必要である。また、高圧一括受電を導入した場合、各戸が自由に電力会社を選ぶことはできなくなる。

　このような高圧一括受電方式が近年取り上げられるようになった背景は、電力自由化である[4]。

　電力自由化は2000（平成12）年以降段階的に実施されたが、2005（平成17）年4月から実施された小売部分の自由化（50KW以上）により中規模以上のマンションは、電気供給契約の相手方を自由に選択することが可能に

3　電力の完全自由化により小規模マンションでは低圧受電方式で電気料金を低減できるとの情報もあり、実態はケースバイケースのようである。

4　この間の事情については、土居俊平「マンション高圧一括受電方式の法的問題―最高裁平成31年3月5日判決を契機として―」花房博文・宮崎淳・大野武編『土地住宅の法理論と展開（藤井俊二先生古稀祝賀論文集）』成文堂、620頁以下が的確に解説している。

なった[5]。

そして、2016（平成28）年4月から実施された小売完全自由化により、一般家庭を含む全ての需要家が電力会社や料金メニューを自由に選択できるようになっている。

(4) 法30条1項の「団地建物所有者相互間の事項」

　Yは、ライフラインの供給元の選択は専有部分の区分所有者が決定すべき事項であると主張した。確かに、マンションの専有部分は各区分所有者の単独所有下にあるので、その使用に関しては基本的に当該区分所有者の意思に委ねられるのが基本であり、専有部分で使用する電気、ガス、通信などのライフラインについても同様である。

　しかし、他方では専有部分に対しても団体規制が及ぶ場合があることが認められており、それを具体的に規定するのが法30条1項の「団地建物所有者相互間の事項」である[6]。

　第一審及び原審は本件決議が法30条1項の「団地建物所有者相互間の事項」に該当することを認めたが、本件判決は否定した。

　学説（本件評釈）では、本件判決に賛同ないし理解を示すものと[7]、疑問を呈するものに分かれる[8]。特に、有力説は「マンションの適正な管理を実現する観点からは疑問が多いものであり、……中略……区分所有法所定の規約事項の解釈として重大な疑問が残る」と批判している[9]。

　専有部分に対しても集会決議や規約による団体規制が及ぶ事例としては、ペットの飼育に関する規制（全面的禁止や飼育できる動物の制限）、用途に関する規制（非居住用の使用禁止や民泊の禁止）が典型的であるが、限界的

5　鎌野邦樹「マンションの一括高圧受電方式導入決議に基づく各戸の個別電力供給契約の解約の認否」TKCローライブラリー新・判例解説Watch◆民法（財産法）No.167、79頁。

6　稲本洋之介・鎌野邦樹『コンメンタール　マンション区分所有法第3版』日本評論社、180～182頁参照。

7　伊藤栄寿「マンション管理をめぐる判例の現状」ジュリストNo.1532、20頁以下、花房博文「マンションの一括高圧受電方式の導入決議及び規約変更決議に基づく各住戸の個別電力契約の解除義務の有無について」判例秘書ジャーナル、文献番号HJ10062、12頁、秋山靖浩「区分所有者に専有部分の電気供給契約の解約申入れを義務付ける旨の集会決議及び規約の効力」法学教室No.470、135頁、丸山英気「団地管理組合法人の集会決議、団地規約によって高圧一括受電方式の採用が決められた場合、団地建物所有者は個別電力供給契約の解除義務を負うか」Evaluation No.69、20～22頁。

8　升田純「電気の受電に関する最高裁判決の概要とマンションライフライン管理への影響」市民と法No.117」72頁、前掲鎌野評釈79頁、前掲土居評釈636頁。

9　前掲升田評釈72頁。

な事例については判断が難しい。

　判例の中には、給排水管の工事と併せて専有部分内の浴槽をユニットバスにすること等の決議について有効とした最高裁一小平成29年９月14日決定（上告不受理、D1-Law.com 判例 ID：28260827）のように、管理組合の権限を相当程度拡張しているものもある一方、本件判決のように管理組合の権限を相当程度制限しているものがあり[10]、混乱しているとの指摘がある[11]。

(5)　不法行為の成立の有無

　Yが本件決議に従わなかったことにより、民法709条の「他人の権利又は法律上保護される利益」の侵害があったか否かという争点に関し、第一審及び原審は不法行為の成立を認めたが、本件判決は否定した。

　学説（本件評釈）では、第一審及び原審に対し「そもそも高圧受電の導入の反対者が賛成者に対してどのような注意義務を負うのか、反対者の決議反対、解約書面の提出拒否が賛成者に対する注意義務違反にあたるのか、反対者の提出拒否等が違法と評価できるのか、反対者の提出拒否等によって賛成者に損害が発生するのか、損害発生の蓋然性が認められるのか、損害の発生・額が証明されるのか等の基本的で重要な問題に対する説示が極めて不十分」とするものがあるほか[12]、本件判決に賛同する見解がある[13]。他方、共同利益背反行為と評価できる余地は残っているとの見解もある[14]。

5．本件判決の意義

(1)　高圧一括受電方式に関する初めての判断

　本件判決は、マンションの電力供給契約における高圧一括受電方式に関する集会の決議の効力に関し、最高裁として初めて判断を下したという点で意義を有する。

(2)　区分所有法30条１項に関する判断

　本件判決は、第一審や原判決と異なり、本件決議が法30条１項の「団地建

10　竹田智志「不動産法の最前線」日本不動産学会誌 Vol.33、110頁。
11　鎌野邦樹「マンション管理をめぐる立法の状況と課題」ジュリスト No.1532、19頁。
12　前掲升田評釈71～72頁。ただし、最高裁判決の論理構成に対し批判を示しておられる。
13　前掲伊藤評釈26頁、前掲土居評釈635頁。
14　佐藤貴美「平成31年３月５日最高裁判決の解説」マンション管理センター通信2019年５月号４～５頁。

物所有者相互間の事項」に該当することを否定した。

　この点について、専有部分の使用の自由を復権させた[15]、私的自治の原則のもとに拡大されてきた団体管理に対して、改めて団体の存在目的や規約事項の有効性を再検討する契機を与えた[16]、といった肯定的見解を示す学説がある一方、これを批判する有力説が存在する[17]。

　この点、最高裁自身が前掲平成29年9月14日決定で示した団体管理の拡大基調を元に戻したかのような理解をすべきではないだろう[18]。法30条1項の「団地建物所有者相互間の事項」該当性の判断基準は一義的・画一的なものではなく、事例の蓄積を俟つほかはないと考えられる[19]。

(3)　本件判決の射程

　4．(3)で述べたように、本件事案は、電力自由化の過程内でのもの、つまり、完全自由化以前の一部自由化の段階で発生したものである。

　完全自由化が実現した今日においては、Xら本件決議の賛成者が意図した方式、つまり、管理組合が受電設備を共用部分として管理し、電力会社から高圧一括受電方式により電力供給を受けることと、Yのように自己の希望する供給者（電力小売会社）との間で受電契約を締結することは両立する。すなわち、個々の区分所有者の専有部分における受電契約を変更することなく（より低廉な契約に変更することも可能）、決議や規約により、共用部分に関する受電設備や受電契約を変更することは可能である。単純に言えば、現時点では、XらもYも全員が満足できる受電方式を実現できるのである。

　そうすると、本件判決の評釈のいくつかが指摘しているように[20]、本件判決は電力自由化の過渡期の紛争に関するものであり、その意味において本件判決の射程はかなり限定されると言えよう。

15　前掲丸山評釈24頁。
16　前掲花房評釈12頁。
17　前掲升田評釈72頁、前掲鎌野評釈79頁。
18　前掲升田評釈73頁は「マンションの適正な管理を実施するため（最高裁の）論理が1日も早く是正されることを期待したい」とする。
19　マンション管理の実情に十分配慮し、柔軟な判断を示した最高裁判決として最二小平成5年2月12日判決民集47巻2号393頁、最三小平成12年3月21日判例時報1715号20頁・判例タイムズ1038号179頁がある。
20　前掲鎌野評釈80頁、前掲土居評釈634頁、前掲竹田評釈112頁。

6．マンション管理業者としての留意点

　電力自由化後の今日、電力という商品の多様化は進展し続けており、その基調は地球環境問題や世界的なエネルギー問題といった大きな流れの中で今後も継続することが見込まれる。

　他方、マンションストックの量的増加と高経年化の進展に伴い、長期修繕積立金問題を含む広義のマンション管理コスト問題が深刻化しつつある。

　このような状況下において、コスト低減の提案と実行がマンション管理業者の主要な業務として位置付けられるようになっている。

　この場合、マンション管理業者としては、最新かつ正確な情報に基づく最適な提案を行うと同時に、本件事案のような当事者間の紛争が生じないよう管理組合、区分所有者いずれにも目配りした支援を行うことが求められている。

7．本件判決に関する評釈

・秋山靖浩「区分所有者に専有部分の電気供給契約の解約申入れを義務付ける旨の集会決議及び規約の効力」法学教室 No.470、135頁
・伊藤栄寿「マンション管理をめぐる判例の現状」ジュリスト No.1532、20〜26頁
・岡田愛「総会決議及び規約変更によっても、団地の一括受電契約に必要となる個別の受電契約の解約申入れを義務付けることはできないとされた事案〜最高裁平成31年３月５日第小法廷判決〜」WLJ 判例コラム163号１頁
・鎌野邦樹「マンションの一括高圧受電方式導入決議に基づく各戸の個別電力供給契約の解約の認否」TKC ローライブラリー新・判例解説 Watch ◆民法（財産法）No.167、77〜80頁
・佐藤貴美「平成31年３月５日最高裁判決の解説」マンション管理センター通信2019年５月号、２〜５頁
・高岡信男「一括受電方式の採用を否定した最高裁判決と区分所有者の共同の利益」マンション管理センター通信2019年５月号、24〜25頁
・竹田智志「不動産法の最前線」日本不動産学会誌 Vol.33、104〜112頁
・土居俊平「マンション高圧一括受電方式の法的問題―最高裁平成31年３月５日判決を契機として―」花房博文・宮崎淳・大野武編『土地住宅の法理論と展開（藤井俊二先生古稀祝賀論文集）』成文堂、615〜637頁

167

・花房博文「マンションの一括高圧受電方式の導入決議及び規約変更決議に基づく各住戸の個別電力契約の解除義務の有無について」判例秘書ジャーナル、文献番号 HJ10062
・升田純「電気の受電に関する最高裁判決の概要とマンションライフライン管理への影響」市民と法 No.117、66〜73頁
・丸山英気「団地管理組合法人の集会決議、団地規約によって高圧一括受電方式の採用が決められた場合、団地建物所有者は個別電力供給契約の解除義務を負うか」Evaluation No.69、18〜24頁

建築業者等の責任に関する判例

判例 12 /12

建物の瑕疵と設計者・監理者・請負人の責任

(平成19年7月6日最高裁第二小法廷判決)
(平成23年7月21日最高裁第三小法廷判決)

判決のポイント

① 建物の建築に携わる設計者、施工者及び工事監理者は、建物の建築に当たり、契約関係にない居住者を含む建物利用者、隣人、通行人等に対する関係でも、当該建物に建物としての基本的な安全性が欠けることがないように配慮すべき注意義務を負い、これを怠ったために建築された建物に上記安全性を損なう瑕疵があり、それにより居住者等の生命、身体又は財産が侵害された場合には、設計・施工者等は、不法行為の成立を主張する者が上記瑕疵の存在を知りながらこれを前提として当該建物を買い受けていたなど特段の事情がない限り、これによって生じた損害について不法行為による賠償責任を負うとされたこと（第1次上告審判決）。

② 「建物としての基本的な安全性を損なう瑕疵」とは、居住者等の生命、身体又は財産を危険にさらすような瑕疵をいい、建物の瑕疵が居住者等の生命、身体又は財産に対する現実的な危険をもたらしている場合に限らず、当該瑕疵の性質に鑑み、これを放置するといずれは居住者等の生命、身体又は財産に対する危険が現実化することになる場合には、当該瑕疵は、建物としての基本的な安全性を損なう瑕疵に該当するとされたこと（第2次上告審判決）。

③ 建物の所有者は、自らが取得した建物に建物としての基本的な安全性を損なう瑕疵がある場合には、第1次上告審判決にいう特段の事情がない限り、設計・施工者等に対し、当該瑕疵の修補費用相当額の損害賠償を請求することができるものと解され、上記所有者が、当該建物を第三者に売却するなどして、その所有権を失った場合であっても、その際、修補費用相当額の補填を受けたなど特段の事情がない限り、一旦取得した損害賠償請求権を当然に失うものではないとされたこと（第2次上告審判決）。

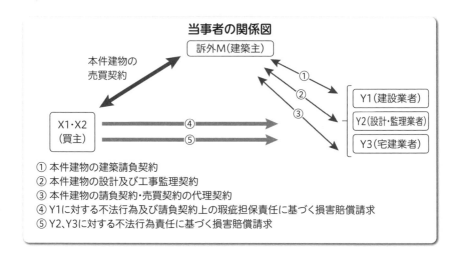

当事者の関係図

① 本件建物の建築請負契約
② 本件建物の設計及び工事監理契約
③ 本件建物の請負契約・売買契約の代理契約
④ Y1に対する不法行為及び請負契約上の瑕疵担保責任に基づく損害賠償請求
⑤ Y2、Y3に対する不法行為責任に基づく損害賠償請求

1．事案の概要

　本件土地・建物は、訴外Mが本件建物を建築中にX1及びX2に譲渡した物件であり、持分割合はX1が4分の3、X2が4分の1とされた（X1及びX2を以下「原告ら」と称する。）。

　本件建物は、本件土地上に建築された鉄筋コンクリート造、陸屋根9階建ての建物であり、9階建て部分（A棟）と3階建て部分（B棟）とを接続した構造となっており、下層階を店舗、上層階を住宅として使用しているが、廊下、床、壁のひび割れ、梁の傾斜、鉄筋量の不足、バルコニーの手すりのぐらつき、排水管の亀裂や隙間等の瑕疵があることが判明した。

　本件は、最高裁の判断が三度下されるほど、長期かつ複雑な過程を経た事案であるので、その経過を（**表―1**）にまとめた。

（表―1）本件の経緯表

昭和63年10月19日	訴外Mが本件土地を購入し、宅建業者Y3を代理人として建設業者Y1との間で本件建物を工事代金3億6,100万円（後に560万円追加）で建築する請負契約を締結
	本件建物の建築中、訴外Mは売却することとし、宅建業者Y3を代理人として、本件土地・建物を1棟売の賃貸物件として売却する広告を出した。
平成2年3月2日	建設業者Y1は訴外Mに本件建物を引渡し、建築設計・監理会社Y2の一級建築士Q立会のもと本件建物の工事完了検査を実施
平成2年3月26日	原告らが訴外Mの代理人Y3との間で本件土地・建物を購入する旨の協定書と売買予約契約を締結

平成 2 年 4 月25日	本件建物について大分県別府土木事務所建築主事が検査済証を交付
平成 2 年 5 月23日	Xらが訴外Mから本件土地を 1 億4,999万円、本件建物を 4 億1,200万円余で購入する契約を締結し、本件土地・建物と関係書類の引渡しを受けた。
平成 6 年 2 月 1 日	Xらが本件建物に居住を開始
平成 6 年 6 月ころ	Xらが Y 1 に対し、本件建物に亀裂、水漏れ、排水管のつまり、火災報知機の配線不備等の瑕疵を指摘し、建替えをするか、建物購入資金を返還するよう申入れ
平成 8 年 7 月 2 日	Xらが Y 1 、Y 2 、Y 3 を被告として瑕疵補修費用、損害賠償を請求する訴訟を大分地方裁判所に提訴
平成15年 2 月24日	大分地裁第一審判決
平成16年12月15日	福岡高裁控訴審判決（第 1 次控訴審判決）
平成19年 7 月 6 日	最高裁二小判決（第 1 次上告審判決）
平成21年 2 月 6 日	福岡高裁判決（第 2 次控訴審判決）
平成23年 7 月21日	最高裁一小判決（第 2 次上告審判決）
平成24年 1 月10日	福岡高裁判決（第 3 次控訴審判決）
平成25年 1 月29日	最高裁三小決定（第 3 次上告審決定）

2．第一審判決・控訴審判決・第 1 次上告審判決

(1) 第一審判決

　　原告らは、訴外Mより購入した鉄筋コンクリート造 9 階建ての建物にひび割れや設備関係等の瑕疵があるとして、本件建物の建築工事を施工した被告 Y 1 に対し、不法行為及び注文主から譲り受けたと主張する請負契約上の瑕疵担保責任に基づき、また、本件建物の設計及び工事監理をした被告 Y 2 及び本件建物の売買に関し宅地建物取引業者として訴外Mの代理をした被告 Y 3 に対し、不法行為に基づき、損害賠償等を請求した。

　　第一審判決は、原告らが主張する本件建物の瑕疵について、その一部が認められるとした上で、訴外Mが有していた Y 1 に対する請負契約上の瑕疵担保責任履行請求権は、訴外Mと原告らとの売買契約上の特約によって原告らに譲渡され、Y 1 もこれを承諾したものであるが、請負契約約款第23条の規定に基づき、Y 1 には各瑕疵の発生につき故意又は重大な過失があるとはいえないとして、Y 1 の瑕疵担保責任を否定する一方、Y 1 と Y 2 の不法行為に基づく損害賠償責任を肯定し、Y 3 の不法行為責任を否定したものの、請求の一部を認容した（大分地裁平成15年 2 月24日判決、裁判所ウェブサイ

ト）。

(2)　第 1 次控訴審判決

　　Ｙ 1 及びＹ 2 が控訴したところ、控訴審は、原告らは訴外Ｍが有していた
Ｙ 1 に対する請負契約上の瑕疵担保責任を追及できる契約上の地位を譲り受
けていないとして、瑕疵担保責任に基づく請求を否定した。

　　また、Ｙ 1 及びＹ 2 の不法行為責任については、建築された建物の瑕疵の
「違法性が強度である場合、例えば、請負人が注文者等の権利を積極的に侵
害する意図で瑕疵ある目的物を製作した場合や、瑕疵の内容が反社会性ある
いは反倫理性を帯びる場合、瑕疵の程度・内容が重大で、目的物の存在自体
が社会的に危険な状態である場合等に限って、不法行為責任が成立する余地
が出てくる」とした上、本件建物の瑕疵について不法行為責任を問うような
強度の違法性があるとはいえないとして、Ｙ 1 及びＹ 2 の不法行為の成立を
否定した（福岡高裁平成16年12月16日判決、金融・商事判例1280号27頁、ウ
エストロー・ジャパン）。

(3)　第 1 次上告審判決

　　最高裁は、次のように判示した上、原判決（第 1 次控訴審判決）を破棄
し、本件を福岡高裁に差し戻した（最高裁二小平成19年 7 月 6 日判決、民集
61巻 5 号1769頁、判例時報1984号34頁、判例タイムズ1252号120頁、金融・
商事判例1280号20頁）。

❶建物の建築に携わる設計者、施工者及び工事監理者（以下、併せて「設
　計・施工者等」という。）は、建物の建築に当たり、契約関係にない居住
　者等に対する関係でも、当該建物に建物としての基本的な安全性が欠ける
　ことがないように配慮すべき注意義務を負うと解するのが相当である。そ
　して、設計・施工者等がこの義務を怠ったために建築された建物に上記安
　全性を損なう瑕疵があり、それにより居住者等の生命、身体又は財産が侵
　害された場合には、設計・施工者等は、不法行為の成立を主張する者が上
　記瑕疵の存在を知りながらこれを前提として当該建物を買い受けていたな
　ど特段の事情がない限り、これによって生じた損害について不法行為によ
　る賠償責任を負うというべきである。居住者等が当該建物の建築主からそ
　の譲渡を受けた者であっても異なるところはない。

❷原審は、瑕疵がある建物の建築に携わった設計・施工者等に不法行為責任
が成立するのは、その違法性が強度である場合、例えば、建物の基礎や構
造軀体にかかわる瑕疵があり、社会公共的にみて許容し難いような危険な
建物になっている場合等に限られるとして、本件建物の瑕疵について、不
法行為責任を問うような強度の違法性があるとはいえないとする。しかし
ながら、建物としての基本的な安全性を損なう瑕疵がある場合には、不法
行為責任が成立すると解すべきであって、違法性が強度である場合に限っ
て不法行為責任が認められると解すべき理由はない。例えば、バルコニー
の手すりの瑕疵であっても、これにより居住者等が通常の使用をしている
際に転落するという、生命又は身体を危険にさらすようなものもあり得る
のであり、そのような瑕疵があればその建物には建物としての基本的な安
全性を損なう瑕疵があるというべきであって、建物の基礎や構造軀体に瑕
疵がある場合に限って不法行為責任が認められると解すべき理由もない。

3．第2次控訴審判決・第2次上告審判決・第3次控訴審判決・第3次最高裁決定

(1) 第2次控訴審判決

　第1次上告審判決により本件事案を差し戻された福岡高裁は、第1次上告
審判決にいう「建物としての基本的な安全性を損なう瑕疵」について、「建
物の瑕疵の中でも、居住者等の生命、身体又は財産に対する現実的な危険性
を生じさせる瑕疵をいうものと解され、建物の一部の剥落や崩壊による事故
が生じるおそれがある場合などにも、『建物としての基本的な安全性を損な
う瑕疵』が存するものと解される」とした上で、原告らが主張するひび割
れ、屋上の塔屋ひさしの鉄筋露出、鉄筋の耐力低下、天井スラブの構造上の
瑕疵、配管スリーブの梁貫通による耐力不足、設備関係の瑕疵について個別
的な検討を加え、「本件においては、本件建物に建物としての基本的な安全
性を損なう瑕疵があり、それにより居住者等の生命、身体又は財産が侵害さ
れたものということはできない」と判示して、Ｙ1及びＹ2の不法行為責任
を否定し、原告らの請求を棄却した（福岡高裁平成21年2月6日判決、判例
時報2051号74頁、判例タイムズ1303号205頁）。

(2)　第2次上告審判決

　　最高裁は、次のように判示した上、原判決（差し戻し後の控訴審判決）を破棄し、本件を福岡高裁に差し戻した（最高裁一小平成23年7月21日判決、裁判集民237号293頁、判例時報2129号36頁、判例タイムズ1357号81頁）。

❶第1次上告審判決にいう「建物としての基本的な安全性を損なう瑕疵」とは、居住者等の生命、身体又は財産を危険にさらすような瑕疵をいい、建物の瑕疵が、居住者等の生命、身体又は財産に対する現実的な危険をもたらしている場合に限らず、当該瑕疵の性質に鑑み、これを放置するといずれは居住者等の生命、身体又は財産に対する危険が現実化することになる場合には、当該瑕疵は、建物としての基本的な安全性を損なう瑕疵に該当すると解するのが相当である。

❷以上の観点からすると、当該瑕疵を放置した場合に、鉄筋の腐食、劣化、コンクリートの耐力低下等を引き起こし、ひいては建物の全部又は一部の倒壊等に至る建物の構造耐力に関わる瑕疵はもとより、建物の構造耐力に関わらない瑕疵であっても、これを放置した場合に、例えば、外壁が剥落して通行人の上に落下したり、開口部、ベランダ、階段等の瑕疵により建物の利用者が転落したりするなどして人身被害につながる危険があるときや、漏水、有害物質の発生等により建物の利用者の健康や財産が損なわれる危険があるときには、建物としての基本的な安全性を損なう瑕疵に該当するが、建物の美観や居住者の居住環境の快適さを損なうにとどまる瑕疵は、これに該当しないものというべきである。

❸そして、建物の所有者は、自らが取得した建物に建物としての基本的な安全性を損なう瑕疵がある場合には、第1次上告審判決にいう特段の事情がない限り、設計・施工者等に対し、当該瑕疵の修補費用相当額の損害賠償を請求することができるものと解され、上記所有者が、当該建物を第三者に売却するなどして、その所有権を失った場合であっても、その際、修補費用相当額の補填を受けたなど特段の事情がない限り、一旦取得した損害賠償請求権を当然に失うものではない。

(3)　第3次控訴審判決

　　第2次上告審判決により本件事案を差し戻された福岡高裁は、第2次上告審の判断枠組みを用いて、本件建物にみられる不具合のうち、①住戸2室の

床スラブのひび割れ、②片持ち梁上のスラブのたわみ、③配管スリーブの梁貫通による耐力不足、④バルコニーの手すりのぐらつき、⑤事務所床の鉄筋露出、⑥住戸内の配管の伸縮による不具合、⑦外廊下に屋内仕様の自動火災報知器を設置したことは「建物としての基本的な安全性を損なう瑕疵」に当たり、これらの瑕疵を生じさせたことについてYら（②及び③については設計者のみ）に過失があったと判断して、補修費用、調査費用、弁護士費用の合計約3,822万円の賠償を命じた（福岡高裁平成24年1月10日判決、判例タイムズ1387号238頁）。

(4) 第3次上告審決定

Y1及びY2が上告したところ、最高裁は、上告審として受理しない旨決定した（最高裁三小平成25年1月29日決定、ウエストロージャパン）。

（表—2）本件建物の瑕疵に関する第3次控訴審判決の判断
（建物としての基本的な安全性の有無）

	項　　目	瑕疵の認定	責任の所在			裁判所の判断のポイント
			設計者	施工者	工事監理者	
1	コンクリートの品質	×	—	—	—	問題は認められない
2	A棟廊下・バルコニーの平行ひび割れ	×	—	—	—	構造耐力は必要な数値を下回っていない
3	A棟居室①床スラブのひび割れ	×	—	—	—	構造耐力の不足は指摘されていない
4	A棟居室②・③床スラブのひび割れ	○	—	○	○	構造耐力不足。施工者：過大なかぶり厚の確認せず。工事監理者：遠隔地であることは理由にならず
5	A棟その他の居室の床スラブのひび割れ	×	—	—	—	構造計算規準解説に示すひび割れ幅0.3mmの存在のみをもって瑕疵や不法行為に該当しない
6	A棟廊下・バルコニーの平行ひび割れ	×	—	—	—	室内外の温度差によるひび割れ
7	A棟廊下・バルコニーの平行ひび割れ	×	—	—	—	1mmを超えるが、証拠不十分
8	A棟廊下・バルコニーの平行ひび割れ	×	—	—	—	乾燥収縮によるもので故意過失の証拠なし
9	A棟塔屋ひさしの鉄筋露出	×	—	—	—	コンクリート剝離はあるものの、場所的に重要でもなく、部分的で

177

					あり、基本的な安全性を損なわない
10	鉄筋の耐力低下	×	—	—	—	故意過失の内容不明、施工不良についての証拠なし
11	片持ち梁上の床スラブのたわみ	○	○	—	—	上端筋不足、あばら筋間隔不足の設計について構造計算で確認すべき注意義務を設計者が怠った
12	B棟配管スリーブの梁貫通部分の耐力不足	○	○	—	—	配管スリーブの中心間距離、また、配管スリーブ周辺の鉄筋補強が不十分であり、構造計算で確認すべき注意義務を設計者が怠った。施工者には当該瑕疵に気づくことが可能とは言えず、故意過失は認定できない
13	バルコニーの手すりのぐらつき	○	—	○	○	バルコニー厚を設計より圧縮するなどの施工上の注意義務を怠ったことにより施工者の不法行為責任が、またその確認をする監理義務に違反として工事監理者の不法行為責任を認めた
14	B棟事務所床の鉄筋露出	○	—	○	○	錆が生じている鉄筋が露出しており、そのまま放置すれば鉄筋の腐食による構造耐力を低下させるものであるから、基本的な安全性を損なう瑕疵に当たる
15	エキスパンションジョイントの接合不良	×	—	—	—	エキスパンションジョイントからの漏水原因についての注意義務が不明
16	屋上防水不良・居室押しれ天井の雨漏り	×	—	—	—	防水シート破損の原因についての証拠がないことから故意過失が認められず
17	電気配管からの漏水	×	—	—	—	漏水の原因は不明であり、故意過失が認められず
18	屋内配管の設置不良・継手方法	○	○	○	—	配管の伸縮について伸縮継手等の検討を設計者は設計段階で怠り、また県下大手の施工会社が不適切な継手でありながら設計者に告げなかったことは過失と認定
19	全居室のユニットバスの取り付け不良	×	—	—	—	基本的な安全性を損なう瑕疵に該当しない
20	A棟全館の漏電	×	—	—	—	漏電はあるものの原因が不明であり、故意過失が認定されず

21	各室のコンセント裏の錆	×	—	—	—	納戸内に設置されたコンセント裏の錆の原因は納戸を居室として利用していたことによる人体からの水蒸気であり、設計又は施工上の瑕疵には該当しない
22	A棟各階外廊下の自動火災報知機の設置	○	○	○	—	風雨の吹き込む外廊下に屋外型機器の設置しなかったことは設計上の過失であり、施工者もそのことを確認しなかったことは過失があると認定
23	屋外の受水槽ポンプに屋内用モーターの設置	×	—	—	—	設計では屋外仕様となっているにもかかわらず、屋内用のものを施工者が設置しているが、不具合の存在がないことから瑕疵の認定がされず
24	A棟外壁タイルのコーキング	×	—	—	—	コーキングのはがれがあるものの、基本的な安全性を損なう瑕疵に当たるとは認められない
25	A棟屋上・外階段の手すりの高さ	×	—	—	—	設計上、手すりの高さは建基法で定められた1.1mとなっているにもかかわらず、施工者が70〜80cmの手すりを設置しているが、居住者等の通常使用による落下の危険性があると認めがたく、現に事故も起きていないことから日常的な安全性を損なう瑕疵に該当しない
26	A棟各室の木製建具の不具合	×	—	—	—	基本的な安全性を損なう瑕疵に該当しない
27	A棟各室のユニット吊戸棚の不具合	×	—	—	—	同　上
28	駐車場のアスファルト舗装の不陸	×	—	—	—	同　上

（資料）椋周二氏作成資料に基づき作成した。

4. 解 説

(1) 専門家責任

「弁護士、司法書士、公認会計士、公証人、宅地建物取引業者のような職業的専門家の民事責任が問われる事例が裁判例の中でも次第に増大している。」[1]

不動産に関する専門家の種類は多いが、一般的な責任として正の効果・影響をもたらす不動産を形成・利用・流通させる責任と、負の効果・影響をもたらす不動産の形成・利用・流通をさせない責任があると言えよう。このうち、前者は一般的・抽象的な責務であり、具体的な法律上の義務や責任に直ちに結びつくものとは言い難い。

これに対し、後者の責任に関しては、契約責任や不法行為責任が認められ、その違反に対し法的サンクションが加えられる場合がある。つまり、専門家としての責任を果たすための高度の注意義務が認められる場合が存在し、その違反に対しては法律上の責任が発生する[2]。

ここで、専門家に対し高度の注意義務が課される根拠については、まず、人の生命・健康に関する業務を営む専門家の場合は、命という最も重い対象を取り扱うことゆえに、他の業務を営む専門家より加重された責任を負うべきである点に求められる。また、財産に関する専門家の場合は、他人の財産について専門的な知見を有することを根拠として（資格によっては業務独占的に）取り扱うことにより報酬を得ることを業として営む以上、当該財産の安全・安定的な生成・利用・流通に対し重い責任を負うと解される。

そして、このような高度の注意義務が認められる対象・範囲は、専門家との間で契約関係に立つ者（顧客）のみならず、直接の契約関係にない第三者にまで及ぶ場合がある。つまり、契約責任のみならず、不法行為責任までも負うのである。本件は、まさにその点が問題となった事案である。

1 　川井健「序論「専門家の責任」と判例法の発展」川井健編『専門家の責任』日本評論社、3頁。
2 　最高裁昭和36年2月16日判決民集15巻2号244頁（輸血梅毒事件）は、いやしくも人の生命および健康を管理する業務（医業）に従事する者は、その業務の性質に照らし、危険防止のために実験上必要とされる最善の注意義務が要求されるとした。川井前掲論文6頁は、「この判決は、広義の専門家の責任、とりわけ人の生命・健康に関する業務を営む専門家の重い責任を認めたものとして、その後の判例に及ぼした影響は、はかりしれないほど大きいものがある」とする。

（図）　専門家責任（高度の注意義務）のイメージ

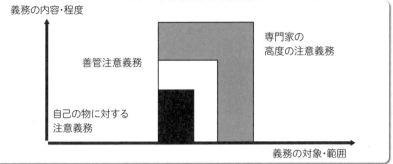

(2)　設計・施工者等の第三者に対する責任

　瑕疵がある建物の建築に関与した設計者、工事監理者、施工者（設計・施工者等）は、設計契約、工事監理契約、工事請負契約といった契約関係にある建築主以外の者、つまり、居住者を含む建物利用者、隣人、通行人等の第三者に対していかなる内容の注意義務を負うのか、また、いかなる瑕疵を生じさせてはならない義務を負うのかという論点については、従来、最高裁の具体的・明確な判断は示されておらず、下級審の裁判例においても、必ずしも一致した判断が示されているわけではなかった[3]。

　関連する事案として、建築士の注意義務について、建築士法及び建築基準法等の規定を根拠として、「建築物を建築し、又は購入しようとしている者に対して建築基準関係規定に適合し、安全性等が確保された建築物を提供すること等のために、建築士には……専門家として特別の地位が与えられていることにかんがみると、建築士は、……その規制の実効性を失わせるような行為をしてはならない法的義務があるものというべきである」と判示した判例がある（最高裁二小平成15年11月14日判決、民集57巻10号1561頁）。

　ただし、この事案は、工事監理者が不存在であるにもかかわらず、建築確認申請書に自己が工事監理を行う旨の記載をした一級建築士が、建築主に工事監理者の変更届出を提出させるなどの適切な措置を執らずに放置したために、建物の瑕疵が発生したケースであり、発生した建物の瑕疵との関係において建築士が負うべき義務の内容を具体的に説示しているわけではなく、ま

3　金融・商事判例1280号21頁。

た、第三者に対して不法行為法上いかなる責任を負うのかについては、問題が残されていた。

そして、下級審にあっては、2.(2)の控訴審判決のように、①不法行為責任が成立する要件として強度の違法性を要求するもの[4]、②このような要件を要求せず、建築士法第18条第1項に規定する建築士としての業務を誠実に遂行すべき義務の違反を不法行為成立の根拠とするもの[5]、③建築基準法に違反する瑕疵がある場合には不法行為法上の違法があるとするものなどがあった[6]。

学説に関しては、1)2.(2)の控訴審判決のように、建築主の権利を積極的に侵害する意思があるなど特別の事情のない限り、不法行為責任の成立を認めがたいとする説[7]、2)上記の下級審判決②のように、建築士について建築士法第18条に規定する義務に違反して第三者に損害を与えた場合には不法行為責任を負うとする説[8]、3)建設業者について建設業法第25条の25に基づき施工技術確保義務を負っていることを理由として、瑕疵ある工事をしたことが不法行為責任の根拠となり得るとする説など[9]、異なった考えが示されていた。

本件判決は、この論点に対する最高裁としての判断を示したものである[10]。

(3) 建物としての基本的な安全性

第1次上告審判決は、不法行為責任が生じる場合と、契約責任（瑕疵担保責任）が生じる場合とを区別し、不法行為責任が生じる余地のある瑕疵を限定する意味で、瑕疵が建物としての基本的な安全性を損なうものであることを要するとした。

建物としての基本的な安全性は一般概念であるから、個別の建物に求めら

4　神戸地裁平成9年9月8日判決（判例タイムズ974号150頁）、福岡高裁平成11年10月28日判決（判例タイムズ1079号235頁）、大阪地裁平成12年9月27日判決（判例タイムズ1053号138頁）。

5　大阪地裁平成10年7月29日判決（金融・商事判例1052号40頁）。

6　大阪高裁平成13年11月7日判決（判例タイムズ1104号216頁）。

7　後藤勇「請負建築建物に瑕疵がある場合の損害賠償の範囲」判例タイムズ725号13頁。

8　高橋寿一「建築士の責任」川井健編『専門家の責任』413頁、齋藤隆編『建築関係訴訟の実務［改訂版］』300頁（河合敏男）。

9　齋藤隆編『建築関係訴訟の実務［改訂版］』300頁（河合敏男）。

10　第1次上告審判決の判断枠組みを、契約関係にある建築主と設計監理者との間において適用した裁判例として東京地裁平成20年1月25日判決判例タイムズ1268号220頁がある。

れる基本的な安全性の内容と程度を網羅的・具体的に示すことは困難であり、実際に存在する建物の不具合が基本的な安全性を損なうか否かといった瑕疵該当性の判断基準もまた明らかではない。

　この点に関し、第2次控訴審判決は、「建物の瑕疵の中でも、居住者等の生命、身体又は財産に対する現実的な危険性を生じさせる瑕疵をいう」と判示して、拡大損害発生の危険との時間的近接性を要求した。しかし、この考えに従うと、瑕疵を放置した場合に拡大損害が発生する危険があるにもかかわらず、危険が現実化するまでは修補のための費用を請求することができないということになり、明らかに妥当ではない。

　第2次上告審判決は、これを放置するといずれは居住者等の生命、身体又は財産に対する危険が現実化することになるような性質の瑕疵がこれに当たることを明らかにした。

(4) 瑕疵と損害

　建物に瑕疵（契約不適合）が存在するとき、建築主や買主が請負人や売主に対して契約責任を問う法的手段は複数認められているが、修補請求を選択する場合は、その費用はもちろん、瑕疵により被った損害額を示す必要はない。

　これに対し、建物の設計・施工者等に対し不法行為責任を問う場合、建築主・買主は損害額を立証しなければならない。

　この点について、不法行為法上請求することができる財産上の損害の範囲はどこまでかという問題がある。

　まず、瑕疵を修補するのに必要な費用相当額を損害として認定することに異論はないだろう（直接損害）。これに対し、雨漏りにより家具が汚損した場合や、シックハウス症候群に罹った場合の治療費、さらには、シックハウス症候群により就業できず収入が減少した場合のように、瑕疵を基因として拡大損害が発生した場合に、どこまでを請負人や売主の法的責任の範囲内とすべきかという論点がある。判例・通説は、相当因果関係にある拡大損害については損賠賠償責任の範囲内であり、債務不履行における損害賠償の範囲を規定する民法第416条は相当因果関係論に立つ条文であって、かつ、不法行為における損害賠償責任についても適用されるとする[11]。

11　民法第416条（損害賠償の範囲）は、第1項で「債務の不履行に対する損害賠償の請求は、これ

　本件事案は、建物に瑕疵が存在すること自体による損害である修補費用相当額等の損害の賠償が請求されたものであり、原告らは建物の瑕疵によって生じた拡大損害の主張はしていない。つまり、損害の範囲問題は本件では対象となってはいないが、第1次上告審判決についての判例評釈の多くは、この問題を取り上げており、瑕疵修補費用相当額の損害賠償を認めたものとする見解と[12]、拡大損害が賠償の対象とされたとする見解がある[13]。

　これに関し、高橋調査官は「設計・施工者等の注意義務違反により基本的な安全性を損なう瑕疵が生じた場合には、そのことにより、少なくとも建物の補修費用相当額の損害が生じているとみられるのであって、必ずしも、その瑕疵によって現に誰かが傷害を負ったということが損害賠償請求の要件として求められているものではない」とされる[14]。

(5)　建物が譲渡された場合

　第1次上告審判決は、「不法行為の成立を主張する者が上記瑕疵の存在を知りながらこれを前提として当該建物を買い受けていたなど特段の事情がない限り」としつつ、「居住者等が当該建物の建築主からその譲渡を受けた者であっても異なるところはない」と説示した。

　この点に関し、建物が転々譲渡された場合、誰が不法行為に基づく損害賠償を請求できるかという問題が指摘されていた。

　第2次上告審判決は、「所有者が、当該建物を第三者に売却するなどして、その所有権を失った場合であっても、その際、修補費用相当額の補填を受けたなどの特段の事情がない限り、一旦取得した損害賠償請求権を当然に失うものではない」と判示した。

　これらを併せ読むと、建物が譲渡された場合の損害賠償請求権の所在については、（**表―3**）の通り整理することができよう。

によって通常生ずべき損害の賠償をさせることをその目的とする。」とし、第2項で「特別の事情によって生じた損害であっても、当事者がその事情を予見すべきであったときは、債権者は、その賠償を請求することができる。」と規定する。「民法第416条が相当因果関係を表わしたものだとすれば、それは損害賠償一般にあてはめるべき原則であって、不法行為の場合もそれによるべきだという判例、通説の態度は十分の理由がある」加藤一郎『不法行為［増補版］』有斐閣、1974年、154頁。

12　鎌野邦樹『NBL』875号4頁、山口成樹「判例評釈593号」判例時報2002号23頁、畑中久彌『福岡大学法学論叢』53巻4号463頁、新堂明子『NBL』890号53頁、高橋寿一『金融・商事判例』1291号2頁。

13　田口文夫『専修法学論集』106号293頁。

14　高橋譲「時の判例」ジュリスト1379号104頁。

（表－3）建物が譲渡された場合の損害賠償請求権の所在

建物の所有者	建築主の場合	買主の場合	転得者の場合
不法行為に基づく損害賠償請求権者	建築主	原則として買主	原則として買主
		第1次上告審判決の特段の事由がある場合は建築主	第2次上告審判決の特段の事由がある場合は転得者

（注1）第1次上告審判決の特段の事由としては、買主が瑕疵の存在を知りながらこれを前提として当該建物を買い受けたことが例示されている。

（注2）第2次上告審判決の特段の事由としては、買主が修補費用相当額の補填を受けたことが例示されている。

（注3）当初の売買契約又は転売契約において損害賠償に関し有効な特約が結ばれている場合には、その特約の定めるところに従うと解される。

5．本件判決の意義

(1) 設計・施工者等の第三者に対する不法行為責任

第1次上告審判決は、設計・施工者等が第三者に対して不法行為責任を負う場合について、下級審や学説で様々な考え方が示されていた問題に対し最高裁が初めて明確に判断を示した点で意義を有する。

同判決は、建物は、建物利用者、隣人、通行人等の生命・身体・財産を危険にさらすことがないような安全性（建物としての基本的な安全性）を備えていなければならないから、建物の建築に携わる設計・施工者等は、建物の建築に当たり、契約関係にはない建物利用者等に対する関係でも、当該建物に建物としての基本的な安全性が欠けることがないように配慮すべき注意義務を負うとした。

これは、建物利用者等には、建物の基本的な安全性の確保によって守られるべき一般的な保護法益が存在することを承認し、そこから建物の設計・施工者等が建物利用者等の第三者に対して負うべき注意義務を導き出したものであり、不法行為における違法性の根拠を建物としての基本的な安全性の確保に配慮すべき注意義務に違反することに求めたといえる[15]。

(2) 建物としての基本的な安全性

第1次上告審判決において最高裁が示した「建物としての基本的な安全

15　強度の違法性を要求する考え方や、建築士法や建築基準法といった個別法の個別規定に違法性の根拠を求める考え方とは異なるといえる。金融・商事判例1280号22頁。

性」という概念は、一定の幅を持つものである。

　第2次上告審判決は、「建物としての基本的な安全性を損なう瑕疵」の意義について、これを放置するといずれは居住者等の生命、身体又は財産に対する危険が現実化することになるような性質の瑕疵がこれに当たることを明らかにした上で、こうした瑕疵について具体的に例示した点で意義を有する[16]。

　とはいえ、個別の事案において実際に問題とされた具体的な瑕疵が建物としての基本的な安全性を損なうものであるか否かについては、その都度の判断が求められるものであり、実務において有用な判断基準を見出すためには、今後の事例の蓄積に俟つほかはない。

(3)　損害賠償の範囲

　建物の瑕疵が人の生命・身体・財産に対する危害（それによって生じる損害としての拡大損害）を及ぼす原因となる場合、そのような侵害が現実に生じていないときであっても、損害賠償を請求できるかという損害賠償の範囲の問題がある。第1次上告審判決に関し不法行為に基づき請求することができる損害の範囲の問題について学説は分かれた[17]。すなわち、賠償の対象となるのは拡大損害に限られるのか、建物自体の損害（瑕疵修補費用相当額の損害）についても賠償が認められるのかという論点である。

　そもそも、建物に瑕疵があったために拡大損害が発生した場合に、不法行為責任を認めることについては、第1次上告審判決を俟つまでもなく、特段の異論はなかったであろう[18]。

　第2次上告審判決は、学説の理解の対立があることを踏まえ、建物としての基本的な安全性を損なう瑕疵がある場合に賠償を求めることができる損害の範囲に関し、第1次上告審判決にいう特段の事情のない限り、当該瑕疵の修補費用相当額の損害賠償を請求することができることを明示的に判示した

16　笠井修『NBL』963号48頁は、「「建物としての基本的な安全性を損なう瑕疵」に関するこのような広い具体化（将来にわたる安全性）は、ひとまず、建物が長期にわたって存続しその間に多様な利用者に影響を及ぼす一種の社会的な存在であることの反映とみることができる。そのような前提のもとで中古建物の安定した流通を支持するという政策的判断としては相応の説得力を持つ」とする。
17　この問題自体は本件以前から存在し、特に、構造計算書の偽装に起因する建物の安全性をめぐる重大な瑕疵が社会問題となったことを背景に活発な議論が展開されていた。
18　判例時報2129号37頁最下段の解説。

点で意義がある。

(4) 契約責任と不法行為責任の競合

第1次上告審の第一審判決は、特約により契約上の瑕疵担保責任が買主（原告）に引き継がれたとして契約責任と不法行為責任の競合を認め、控訴審判決は契約責任を否定した。

第1次上告審判決は、契約責任との間において広く競合関係を認めるとともに、不法行為法の適用が及ぶ範囲について、保護される利益の種類・性質に基づく枠を設けていない点に意義がある。

(5) 要保護利益の枠

(1)で建物利用者等には、建物の基本的な安全性の確保によって守られるべき一般的な保護法益が存在することが承認されたと記したが、第1次・第2次上告審判決をまとめて読むと、被侵害利益の要保護性の程度・範囲に即した専門家の高度の注意義務を考える上で、どのような利益を法律上保護すべきかという判断枠組みについて判例の姿勢は柔軟であると言えよう[19]。

(6) 本件判決の射程（その1）

一般的に、建物の瑕疵に起因する人の生命・健康・財産に対する危険が現実化する前に建物が流通する可能性は常に存在する。そこで、かつて所有・利用・居住した建物の瑕疵を理由として設計・施工者等の責任を追及する者が複数出てくる可能性もまた存在する。

このような場合、各当事者の請求権の有無や相互の関係などをどのように解するかという問題がある。（**表―3**）で建物が譲渡された場合の損害賠償請求権の所在について簡単に整理したが、第1次・第2次上告審判決それぞれにいう「特段の事情」を具体的にどのように解するかという課題は残されている。

つまり、本件の二つの判決は、この問題の一部についてのみ判断を示したに過ぎないので、この点は理論上も実務上も困難な問題が残されたといえる。

---

19 笠井修『NBL』963号46頁は、「法政策的判断（たとえば、中古住宅の流通の安全をはかるという判断）を不法行為責任の成否に直接反映しやすい構造になっている」とする。

(7) 本件判決の射程（その2）

　本件においては、原告らは、もっぱら瑕疵の修補に焦点を当てて損害賠償請求を行ったので、裁判所の判断も当然それに対するものであった。

　そこで、修補費用だけでなく建物それ自体の価値の減損額も損害として評価できるかという解釈問題が残されたとの指摘がされている[20]。

　また、4．(4)で解説したように、拡大損害の扱いについても論点が残されている。

　これらの問題についても、今後の理論的検討と裁判例の蓄積に委ねられているといえよう。

6．宅地建物取引業者としての留意点

(1) 代理業者としての留意点

　本件においては、当初から宅地建物取引業者が代理人として請負契約や売買契約に関与していた。この事案では当該宅建業者の責任は問われなかったが、この結果を一般化してはならないだろう。すなわち、瑕疵ある建物の取引に代理人として関わった宅建業者は、責任を問われないものと誤解してはならない。

　例えば、代理業者としての説明義務に欠けるところがあれば、少なくとも契約責任を免れることはできない[21]。

　また、第三者に対する危険を覚知できる状況にあったにもかかわらず、これを等閑視したまま代理業務を遂行したような場合、第三者に対する不法行為責任が発生する余地もあろう。

(2) 媒介業者としての留意点

　白アリらしき虫の死骸を発見した媒介業者の責任が問われた事例に見られるように[22]、媒介業者には不動産取引の専門家として建物の基本的安全性に対する注意義務がある。

　そして、(1)で述べたのと同様、取引の具体的状況によっては第三者に対する不法行為責任が発生する余地もあろう。

20　高橋譲「最判①解説」法曹会編『最高裁判所判例解説民事篇平成19年度（下）』514頁。
21　ここでの契約責任には、代理契約の依頼主に対する責任と契約の相手方に対する責任の両方が含まれる。
22　大阪地裁平成20年5月20日判決、判例タイムズ1291号279頁、本誌74号132頁。

　前掲の（**表—2**）は、建築実務、不動産流通実務に携わる者にとって大いに参考になるものと考えられる。

7．本件判決に関する評釈

・高橋譲「時の判例」ジュリスト1379号102頁
・高橋譲「判例解説」法曹時報62巻5号226頁
・高橋譲「最判①解説」法曹会編『最高裁判所判例解説民事篇平成19年度（下）』514頁
・円谷峻「平成19年重要判例解説」ジュリスト1354号89頁
・松本克美『立命館法学』313号774頁
・松本克美『立命館法学』324号313頁
・石橋秀起「新・判例解説 Watch」『法学セミナー増刊・速報判例解説』10号65頁
・秋山靖浩『法学セミナー』637号42頁
・幸田雅弘『法学セミナー』638号18頁
・鎌野邦樹『NBL』875号4頁
・平野裕之『民商法雑誌』137巻4＝5号438頁
・高橋寿一『金融・商事判例』1291号2頁
・山口成樹「判例評釈593号」判例時報2002号23頁
・花立文子『判例リマークス2008（下）』48頁
・畑中久彌『福岡大学法学論叢』53巻4号463頁
・大西邦弘『広島法学』32巻1号87頁
・永岩慧子『広島法学』38巻2号1頁
・橋本佳幸「過失の意義」別冊 jurist196号160頁
・谷村武則「建築士の法的責任とその範囲」判例タイムズ1244号42頁
・田口文夫『専修法学論集』106号293頁
・荻野奈緒『同志社法学』60巻5号443頁
・野澤正充『ジュリスト』1440号84頁
・大澤逸平「建物の基本的安全性の瑕疵に関する不法行為責任について」『専修ロージャーナル』7号103頁
・新堂明子『NBL』890号53頁
・笠井修『NBL』963号42頁

・丸山昌一『NBL』991号93頁
・加藤新太郎『NBL』1135号105頁
・金融・商事判例1280号21頁
・判例時報1984号34頁
・判例時報2051号74頁
・判例時報2129号36頁
・判例タイムズ1180号209頁
・判例タイムズ1252号120頁
・判例タイムズ1303号205頁
・判例タイムズ1387号　238頁

著者略歴

周藤　利一（すとう　としかず）

1956年　島根県に生まれる
1979年　東京大学法学部第2類卒業
1979年　建設省入省、住宅局住宅政策調整官、土地・水資源局土地情報課長などを
　　　　歴任
2011年　日本大学経済学部教授
2013年　国土交通省国土交通政策研究所所長
2015年　明海大学不動産学部教授
現在　　横浜市立大学大学院都市社会文化研究科客員教授
学位　　北海道大学博士（工学）
主な著書　日本の土地法―歴史と現状[第3版]（共著　成文堂）
　　　　　［新版］わかりやすい宅地建物取引業法（共著　大成出版社）
　　　　　韓国の都市計画制度の歴史的展開に関する研究（大成出版社）
　　　　　民法改正で変わる住宅トラブルへの対応（共著　中央経済社）
　　　　　世界の空き家対策（共著　学芸出版社）
　　　　　土地はだれのものか　人口減少時代に問う（共著　白揚社）

不動産取引実務に役立つ判例
―最高裁主要判例の解説―
実務叢書 わかりやすい不動産の適正取引 シリーズ

2022年3月30日　第1版第1刷発行

著　周　藤　利　一
編　集　(一財)不動産適正取引推進機構
（略称：ＲＥＴＩＯ）

発行者　箕　浦　文　夫
発行所　株式会社大成出版社

〒156―0042
東京都世田谷区羽根木1―7―11　TEL 03（3321）4131㈹
https://www.taisei-shuppan.co.jp/